2024

Bruna FEITOSA
Leandro SENDER
Francisco EGITO

COORDENADORES

CONDOMÍNIO
—— Aspectos Práticos ——
da Cobrança *de* Cotas
e Inadimplência

O livro que desvenda o Direito Condominial

ANAMARIA *Mallet* | BRUNA *dos Santos Feitosa de Carvalho*
CAROLINE *Guimarães* | CRISTIANI *de Souza* | DIOVANO *Rosetti*
HAROLDO *Lourenço* | IONÁ *Cytrynbaum Sender* | LEANDRO *Sender*
MARCIO *Panno Waknin* | MARISA *Dreys* | MELINA *de Luna Moraes*
PAULA *Neustadt* | RAMON *Perez Luiz* | RAPHAEL *Gama da Luz*
RODRIGO *Vianna* | THIAGO *Lindoso*

PREFÁCIO ESCRITO POR RUBENS CARMO ELIAS

Dados Internacionais de Catalogação na Publicação (CIP) de acordo com ISBD

C746

Condomínio: aspectos práticos da cobrança de cotas de inadimplência / Anamaria Malle ... [et al.] ; coordenado por Bruna dos Santos Feitosa de Carvalho, Francisco Egito, Leandro Sender. -Indaiatuba, SP : Editora Foco, 2024.

160 p. : 16cm x 23cm.

Inclui bibliografia e índice.

ISBN: 978-65-5515-963-9

1. Direito. 2. Direito Condominial. I. Malle, Anamaria. II. Carvalho, Bruna dos Santos Feitosa de. III. Guimarães, Caroline. IV. Souza, Cristiani. V. Rosetti, Diovano. VI. Lourenço, Haroldo. VII. Sender, Ioná Cytrynbaum. VIII. Sender, Leandro. IX. Waknin, Marcio Panno. X. Dreys, Marisa. XI. Moraes, Melina de Luna. XII. Neustadt, Paula. XIII. Luiz, Ramon Perez. XIV. Luz, Raphael Gama da. XV. Vianna, Rodrigo. XVI. Lindoso, Thiago. XVII. Egito, Francisco. XVIII. Título.

2023-3592   CDD 346.81   CDU 347.238.1

Elaborado por Vagner Rodolfo da Silva - CRB-8/9410
Índices para Catálogo Sistemático:

1. Direito Condominial 346.81

2. Direito Condominial 347.238.1

BRUNA FEITOSA
LEANDRO SENDER
FRANCISCO EGITO

COORDENADORES

CONDOMÍNIO
—— ASPECTOS PRÁTICOS ——
da COBRANÇA *de* COTAS
e INADIMPLÊNCIA

O LIVRO QUE DESVENDA O DIREITO CONDOMINIAL

ANAMARIA *Mallet* | BRUNA *dos Santos Feitosa de Carvalho*
CAROLINE *Guimarães* | CRISTIANI *de Souza* | DIOVANO *Rosetti*
HAROLDO *Lourenço* | IONÁ *Cytrynbaum Sender* | LEANDRO *Sender*
MARCIO *Panno Waknin* | MARISA *Dreys* | MELINA *de Luna Moraes*
PAULA *Neustadt* | RAMON *Perez Luiz* | RAPHAEL *Gama da Luz*
RODRIGO *Vianna* | THIAGO *Lindoso*

PREFÁCIO ESCRITO POR RUBENS CARMO ELIAS

2024 © Editora Foco

Coordenadores: Bruna Feitosa, Leandro Sender e Francisco Egito
Autores: Anamaria Malle, Bruna dos Santos Feitosa de Carvalho, Caroline Guimarães,
Cristiani Souza, Diovano Rosetti, Haroldo Lourenço, Ioná Cytrynbaum Sender, Leandro Sender,
Marcio Panno Waknin, Marisa Dreys, Melina de Luna Moraes, Paula Neustadt, Ramon Perez Luiz,
Raphael Gama da Luz, Rodrigo Vianna e Thiago Lindoso
Diretor Acadêmico: Leonardo Pereira
Editor: Roberta Densa
Assistente Editorial: Paula Morishita
Revisora Sênior: Georgia Renata Dias
Capa Criação: Leonardo Hermano
Diagramação: Ladislau Lima e Aparecida Lima
Impressão miolo e capa: META BRASIL

DIREITOS AUTORAIS: É proibida a reprodução parcial ou total desta publicação, por qualquer forma ou meio, sem a prévia autorização da Editora FOCO, com exceção do teor das questões de concursos públicos que, por serem atos oficiais, não são protegidas como Direitos Autorais, na forma do Artigo 8º, IV, da Lei 9.610/1998. Referida vedação se estende às características gráficas da obra e sua editoração. A punição para a violação dos Direitos Autorais é crime previsto no Artigo 184 do Código Penal e as sanções civis às violações dos Direitos Autorais estão previstas nos Artigos 101 a 110 da Lei 9.610/1998. Os comentários das questões são de responsabilidade dos autores.

NOTAS DA EDITORA:

Atualizações e erratas: A presente obra é vendida como está, atualizada até a data do seu fechamento, informação que consta na página II do livro. Havendo a publicação de legislação de suma relevância, a editora, de forma discricionária, se empenhará em disponibilizar atualização futura.

Erratas: A Editora se compromete a disponibilizar no site www.editorafoco.com.br, na seção Atualizações, eventuais erratas por razões de erros técnicos ou de conteúdo. Solicitamos, outrossim, que o leitor faça a gentileza de colaborar com a perfeição da obra, comunicando eventual erro encontrado por meio de mensagem para contato@editorafoco.com.br. O acesso será disponibilizado durante a vigência da edição da obra.

Impresso no Brasil (11.2023) – Data de Fechamento (11.2023)

2024
Todos os direitos reservados à
Editora Foco Jurídico Ltda.
Avenida Itororó, 348 – Sala 05 – Cidade Nova
CEP 13334-050 – Indaiatuba – SP

E-mail: contato@editorafoco.com.br
www.editorafoco.com.br

PREFÁCIO

Muito me honrou receber o convite dos eminentes professores Leandro Sender, Bruna Feitosa e Francisco Egito, advogados militantes na área imobiliária, para prefaciar a obra que vem a lume – Inadimplência Condominial.

A inadimplência condominial foi tema de minha primeira obra – Despesas condominiais – aspectos de direito material e processual, lançada em 2005. Naquela oportunidade, seguindo as lições de João Batista Lopes, já indicava ser o pagamento das cotas condominiais a mais relevante obrigação do condômino, posto que o não pagamento, além de afetar todos os demais condôminos, que como prêmio à sua pontualidade, deverão pagar mais para cobrir a conta do inadimplente, poderá gerar sérios prejuízos ao condomínio edilício, pelo risco de falta de manutenção e conservação da edificação, bem como alto custo da cota condominial, gerando, desta forma, desvalorização patrimonial.

Desde então, muitas ferramentas e busca de soluções foram enfrentadas na doutrina, na jurisprudência e também pelo mercado imobiliário que circunda os condomínios, como as administradoras, advogados, prestadores de serviços, instituições financeiras, empresas de cobrança e mais recentemente as garantidoras que têm estabelecido forma de preservar a estabilidade de caixa condominial, mediante a cessão dos recebíveis do condomínio.

No âmbito processual, a reintrodução da via executiva para a satisfação dos créditos condominiais vencidos e não pagos no Código de Processo Civil (art. 784, X) em muito contribuiu para a redução da inadimplência, porém, a situação da identificação do legitimidade passivo para a cobrança, bem como a definição dos critérios para a viabilização da penhora do imóvel que deu origem ao débito, diante de compromissos de compra e venda não registrados e também instituição de garantia de alienação fiduciária sobre o imóvel, continuam desafiando a efetividade do processo.

Por outro lado, os métodos de autocomposição, por meio de conciliação e mediação, tem sido cada vez mais incentivados, sendo oportuno que os condomínios logrem introduzir a cultura da desjudicialização para a melhoria do bem-estar e pacificação social.

Novas modalidades condominiais e regimes assemelhados surgem, tais como as associações de moradores de loteamentos de acesso controlado, regidos pela Lei de Parcelamento de Solo (Lei 6.766/79), as quais merecem igual atenção, diante do crescimento exponencial dos empreendimentos desta natureza.

Enfim, há muito para se aprofundar sobre a inadimplência condominial, de modo a melhor elucidar este ambiente tão relevante, o que demonstra ser absolutamente oportuno e pertinente o que importantes advogados militantes do meio condominial, se propuseram a explorar. A obra, coordenada por Leandro Sender, Bruna Feitosa e Francisco Egito, contempla os mais importantes assuntos sobre a inadimplência condominial, que são desenvolvidos pelos advogados Melina Luna, Bruna Feitosa, Marcio Panno, Diovano Rosseti, Rodrigo Vianna, Haroldo Lourenço, Ioná Cytrymbaum, Raphael Gama, Leandro Sender, Paula Neustadt, Bruna Feitosa, Ramon Luiz, Caroline Barbosa, Thiago Lindoso, Marisa Dreys, Cristiani Souza e Anamaria Mallet.

Parabéns aos autores pela iniciativa e desprendimento, no espírito de cooperação com o direito e com o mercado imobiliário, sempre visando contribuir para a criação de um ambiente condominial de segurança, saúde, sossego e sem inadimplência, para o tão almejado bem-estar.

Rubens Carmo Elias Filho

SUMÁRIO

PREFÁCIO

Rubens Carmo Elias Filho.. V

INTRODUÇÃO

Francisco Machado Egito IX

NATUREZA DA DÍVIDA CONDOMINIAL E A PROTEÇÃO DO BEM DE FAMÍLIA

Melina de Luna Moraes 1

ASSOCIAÇÃO DE MORADORES X CONDOMÍNIOS: COBRANÇA DE QUOTAS

Bruna dos Santos Feitosa de Carvalho 11

A PARTICIPAÇÃO DO CONDÔMINO INADIMPLENTE NAS ASSEMBLEIAS DO CONDOMÍNIO

Marcio Panno Waknin.. 17

CONDÔMINO INADIMPLENTE COM SUAS COTAS CONDOMINIAIS E RESTRIÇÃO DE USO DA ÁREA COMUM

Diovano Rosetti 27

A POSSIBILIDADE DE CARACTERIZAÇÃO DO CONDÔMINO INADIMPLENTE COMO ANTISSOCIAL

Rodrigo Vianna 33

LIMITAÇÃO DA TAXA DE JUROS NOS CRÉDITOS CONDOMINIAIS

Haroldo Lourenço... 45

LEGITIMIDADE PARA RESPONDER PELOS DÉBITOS CONDOMINIAIS

Ioná Cytrynbaum Sender 59

AÇÃO DE COBRANÇA DE COTAS E EXECUÇÃO

Raphael Gama da Luz 65

LEILÃO JUDICIAL DE BENS IMÓVEIS

Leandro Sender e Paula Neustadt 73

CESSÃO DO CRÉDITO CONDOMINIAL

Bruna dos Santos Feitosa de Carvalho 87

A GARANTIDORA DE RECEITA DO CONDOMÍNIO E A BOA-FÉ CONTRATUAL

Ramon Perez Luiz... 97

APONTAMENTOS NECESSÁRIOS SOBRE A COBRANÇA JUDICIAL

Caroline Guimarães e Thiago Lindoso... 105

ATUAÇÃO EXTRAJUDICIAL NO COMBATE À INADIMPLÊNCIA

Marisa Dreys e Cristiani Souza.. 111

MEDIAÇÃO E ARBITRAGEM NO TRATAMENTO ADEQUADO DOS CONFLITOS CONDOMINIAIS: MÉTODOS EFICIENTES E SUSTENTÁVEIS

Anamaria Malle 117

INTRODUÇÃO

Francisco Machado Egito

Sócio do Grupo Francisco Egito, empresa em atividade no mercado imobiliário, condominial e contábil. Sócio administrador da Francisco Egito Advogados Associados, do Curso Aprimora, do CBEPJUR e da Revista dos Condomínios. Professor e coordenador acadêmico da Pós-graduação em Direito Condominial e em Gestão Condominial do CBEPJUR/UNIMAIS-SP. Coordenador da Pós-graduação em Direito Condominial da PUC-PR. Mestrando do Programa de Pós-graduação em Administração da UFF. Pós-graduado em Direito Imobiliário (2015), Controladoria Empresarial (2013) e Direito Notarial e Registral (2011). Graduado em Ciências Econômicas (2022), Administração (2015), Ciências Contábeis (2013), Negócios Imobiliários (2010) e Direito (2004). Presidente da Comissão Nacional de Direito Imobiliário da ABA. Presidente da Comissão de Direito Imobiliário e Condominial da 55ª Subseção da OAB-RJ. Coordenador da Comissão Estadual de Contabilidade Condominial do CRC-RJ. Conselheiro Efetivo do CRECI-RJ (gestão 2022-2024), coordenando a UNICRECI-RJ.

> Em nossa civilização de megalópole, a concentração urbana socialmente inevitável e de ordenação administrativa insuficiente enriqueceu o Direito. O condomínio, com suas leis e jurisprudência, é produto jurídico da concentração.
>
> Ceneviva, 1982

Atualmente os condomínios edilícios transcendem as fronteiras das grandes metrópoles, consolidando-se como presença marcante também em cidades de médio e pequeno porte. Desempenham papel fundamental ao ocupar e organizar os espaços urbanos, emergindo como local de residência para inúmeras famílias. Muitos de nós não apenas vivemos, mas também realizamos nossas atividades profissionais em um dos diversos condomínios espalhados pelo país, fato que os torna parte significativa de nosso cotidiano.

Os condomínios edilícios são uma expressão relativamente recente no cenário jurídico, tendo sido desenvolvidos e instituídos na legislação privada ao redor do mundo no início do século passado. Para compreender o contexto social que propiciou o surgimento desses empreendimentos imobiliários, é necessário falar dos processos de urbanização e verticalização das cidades.

A proliferação dos condomínios edilícios está intrinsicamente ligada ao fenômeno da urbanização, um processo que ganhou intensidade ao longo do século XX. À medida que a população urbana crescia, a necessidade de otimizar o uso do espaço e oferecer condições habitacionais adequadas se tornava premente. A verticalização das cidades, caracterizada pela construção de edifícios com múltiplos pavimentos, emergiu como uma resposta eficiente a essa demanda, dando origem aos condomínios especiais em edificações por unidades autônomas, que se caracterizam pela coexistência de propriedade privada e áreas forçosamente comuns.

A complexidade social e as demandas da vida urbana moderna desencadearam transformações significativas no modo como as pessoas habitam as cidades. Os condomínios edilícios ao possibilitarem a otimização dos espaços urbanos tornaram-se um componente essencial desse novo paradigma urbano. Sua presença não só reflete as mudanças nas formas de moradia, mas também redefine as dinâmicas sociais, econômicas e jurídicas que permeiam o convívio em espaços compartilhados.

Portanto, ao explorarmos os condomínios edilícios, mergulhamos não apenas em estruturas físicas, mas em organismos sociais complexos, moldados por normas jurídicas específicas e pelas desafios da vida contemporânea. A compreensão dessas organizações vai além das paredes dos edifícios, envolvendo a interconexão de interesses individuais e coletivos, bem como a busca incessante por equilíbrio entre autonomia e convivência pacífica.

A verticalização das cidades é um fenômeno do século XX, resultante da urbanização. O êxodo rural, o encarecimento dos terrenos, a necessidade de alocar as pessoas nas regiões centrais e o desenvolvimento de modernas técnicas construtivas fizeram com que os condomínios em edificações proliferassem em praticamente todas as cidades urbanas do mundo (Venosa, 2005, p. 361-362).

Os estudiosos do direito imobiliário e urbanístico apontam a crise habitacional como uma das causas do desenvolvimento da propriedade em planos horizontais superpostos. A chamada crise habitacional é, inquestionavelmente, um dos mais graves e complexos problemas com que se defronta a humanidade. Segundo Lopes (2008, p. 21), ela é decorrente de uma série de fatores, como duas grandes guerras, êxodo rural, explosão demográfica, formação de megalópoles e anseio pela casa própria. A crise habitacional propiciou, contudo, o surgimento de novas técnicas construtivas e de um complexo jurídico cuja perfeita compreensão desafia os estudiosos.

Nesse sentido, Diniz (2019, p. 266) afirma que "este tipo de condomínio surgiu após a I Guerra Mundial, ante a crise de habitação, quando, com o desenvolvimento das cidades e consequente valorização dos terrenos urbanos, houve a necessidade de melhor aproveitar o solo".

Segundo Kojranski (2015, p. 7), "a capacitação para grandes construções verticais precedeu o Direito, ou seja, a estrutura física antecipou-se à estrutura jurídica". A engenharia nacional havia alcançado, em começos do século XX, níveis técnicos suficientes para o erguimento de grandes edifícios, como a obra que durante anos foi a mais alta do Brasil: o Edifício Martinelli, em São Paulo. A possibilidade de crescimento vertical foi o que realmente impulsionou o adensamento nas áreas urbanas. Os elevadores viabilizaram a expansão da altura das construções, criando as condições necessárias para edificações de maior porte, que hoje permitem concentrar uma quantidade considerável de pessoas em uma superfície relativamente pequena do solo.

A respeito do intrincado instituto do condomínio, Venosa (2005, p. 361) esclarece que "nenhuma outra modalidade de propriedade talvez tenha levantado maior riqueza de problemas jurídicos e sociais do que a denominada propriedade horizontal, propriedade em planos horizontais ou propriedade em edifícios. A começar pela sua denominação". Sem contradita, os condomínios especiais em edificações e entidades jurídico-administrativas assemelhadas, como os loteamentos de acesso controlados, são organizações humanas de grande complexidade jurídico-social, desafiando profissionais cada vez mais especializados para lidarem com seus desafios.

É Rizzardo (2012, p. XV) que, ao dissertar sobre o condomínio de edifício de apartamentos, sintetiza o que foi exposto anteriormente:

> Representa a combinação da propriedade comum e da propriedade exclusiva, vindo a constituir uma única realidade, com raízes nos primórdios das civilizações, dentro das variantes próprias de cada época. Adquire importância numa escala ascendente em proporção à diminuição de espaços urbanos em locais privilegiados e adequados à concentração das populações, numa dimensão progressiva que aumenta com o engrandecimento das cidades. Tal o impulso que vem adquirindo essa modalidade de edificações, destinada especialmente a moradias e a centros de prestação de serviços profissionais, a salas e conjuntos de escritórios, que está suplantando as casas e os prédios comuns.

A natureza jurídica das relações existentes entre os proprietários de apartamentos em edifícios é uma mistura de condomínio, ou copropriedade, com propriedade individual. Esse condomínio especial se caracteriza juridicamente pela justaposição de propriedades distintas e exclusivas ao lado do condomínio de partes do edifício, forçosamente comuns.

A proporção de pessoas morando nas cidades é cada vez maior, gerando novas formas de ocupação do espaço urbano, que reconfiguraram as estruturas jurídicas, econômicas, políticas e sociais.

Com efeito, o surgimento dos condomínios edilícios está intrinsecamente ligado à verticalização das cidades. Com a limitação do espaço horizontal disponível, especialmente em áreas urbanas densamente povoadas, a solução foi crescer verticalmente. Edifícios residenciais com múltiplas unidades habitacionais ofereciam uma resposta eficaz a essa necessidade, permitindo que um grande número de pessoas compartilhasse um mesmo espaço, trazendo novas relações sociais a serem compreendidas pelos estudiosos das ciências humanas.

Uma visão organizacional dos condomínios edilícios

De forma introdutória, é importante analisarmos a estrutura de um condomínio edilício sob a ótica jurídica, sociológica e administrativa. Quando os proprietários se reúnem, formam uma entidade que, embora ainda não tenha uma personalidade jurídica própria reconhecida em lei, requer mecanismos para representar os interesses coletivos, tanto internamente quanto nas relações com terceiros. Como organização social, o condomínio estabelece centros de coordenação e autoridade para orientar seus membros e criar regras destinadas a promover a harmonia entre os proprietários. Seus principais órgãos internos englobam os centros de execução (promovida pelo síndico), deliberação (por meio da assembleia de condôminos), fiscalização e controle (por meio do conselho fiscal) e assessoramento (por meio do conselho consultivo).

A relação entre os vários titulares do direito de propriedade demandou a criação de um conjunto normativo que possibilitasse mecanismos para a resolução de conflitos entre os condôminos, viabilizando o uso harmonioso da propriedade e estabelecendo limites ao seu exercício. O regramento interno do condomínio é composto pela convenção do condomínio, pelo regimento interno e pelas deliberações assembleares.

A convenção é o estatuto social e coletivo do condomínio. Ela estabelece as bases fundamentais, como a definição de áreas comuns, a quota de participação de cada condômino nas despesas e o modo de administração. A convenção é um documento de extrema importância e só pode ser alterada por decisão da assembleia de condôminos, seguindo os procedimentos especificados.

O regimento interno complementa e detalha o que está estabelecido na convenção. Ele descreve regras específicas para o funcionamento operacional do condomínio, como horários de uso de áreas comuns, normas para utilização da piscina ou academia, restrições de barulho, entre outros. O regimento interno é uma ferramenta importante para a convivência harmoniosa dos moradores.

As deliberações da assembleia de condôminos constituem a vontade coletiva emanada pelo colegiado de condôminos formalmente reunidos. Isso inclui decisões sobre orçamento, aprovação de obras, eleição de síndico, entre outras. As deliberações são registradas em atas de assembleia e devem ser respeitadas por todos os condôminos.

Embora o condomínio edilício tradicionalmente se baseie na autogestão por parte de seus membros, a crescente complexidade administrativa e a necessidade de especialização levaram ao surgimento dos síndicos profissionais: gestores condominiais treinados e capacitados para administrar condomínios de forma eficiente e não amadora. Eles desempenham um papel fundamental na garantia de uma administração adequada do condomínio, aliviando os condôminos das tarefas operacionais e administrativas, e assegurando a implementação das regras estabelecidas na convenção, no regimento interno e nas deliberações assembleares.

Quanto à sua estrutura organizacional, os condomínios edilícios possuem órgãos administrativos, com funções diretivas, de controle, coordenação, deliberativas, fiscalizatórias e normativas. Cada órgão tem uma função própria, que merece estudos mais aprofundados. É representado por mandatário eleito por assembleia de condôminos, com poderes de gestão, tornando viável sua existência no plano prático, eis que seria impraticável que para todo ato administrativo cada condômino tivesse de se manifestar. Sem a constituição de estrutura hierárquica, com estabelecimento de cargos e funções, não haveria um centro de poder necessário à coesão e coordenação do conjunto, e, ainda, à criação de órgãos de gestão, com separação de poderes, possibilitando seu próprio controle.

Destaca-se em seu organograma uma relação horizontal. Todos os seus membros são proprietários, não havendo hierarquia entre eles, salvo quando empossados nos cargos eletivos. Há singularidades em sua estrutura que a diferenciam das demais organizações cujas relações são lineares e hierárquicas. As organizações condominiais lidam com o dilema de pertencerem a todos e, simultaneamente, a ninguém. Todos são coproprietários, o que costuma ser fonte de conflitos acerca do direcionamento administrativo, desafiando estruturas democráticas para estabelecer o jogo de poder. As linhas de autoridade e responsabilidade não são bem compreendidas em razão dessa horizontalidade e da natureza doméstica. Seu corpo diretivo é composto por condôminos ou terceiros, cujos cargos são eletivos, de natureza transitória.

Quanto à sua finalidade e objetivos, o condomínio não possui fins lucrativos. Seu nascimento se justifica como um modo de viabilizar a ocupação do solo nos centros urbanos, aumentando a área construída por metro quadrado de terreno, reduzindo o custo de aquisição imobiliária, dotando ainda as unidades individuais de áreas de utilização comum, em alguns casos dotados de espaços de lazer. Dentre seus objetivos organizacionais, ainda que pouco claros para seus membros, está a conservação da propriedade condominial, com a manutenção dos sistemas e instalações prediais. No aspecto social, um dos objetivos é possibilitar o uso da propriedade de forma harmônica, gerenciando os conflitos na utilização das áreas privativas e coletivas. A gestão eficiente dos recursos disponíveis contribuirá para a valorização do patrimônio comum, com reflexo no valor imobiliário das unidades individuais. Ressaltamos a seguir um parecer do Conselho Federal de Administração (2011) acerca desse ponto:

> Uma boa administração de condomínio, compreendendo gestão de recursos humanos, envolvendo empregados e residentes ou usuários de unidades imobiliárias condominiadas,

aquisição de materiais, manutenção e conservação das áreas comuns, práticas que legal e tecnicamente bem desenvolvidas fornecem a cada condômino, como resultado, os benefícios e a valorização, que se incorporam ao retorno do seu investimento.

Em um olhar organizacional sobre sua natureza, destaca-se a combinação única e indissociável entre o particular e o coletivo. É uma natureza eminentemente doméstica, distinta do espaço de domínio público ao qual pertencem as organizações humanas. É o ambiente do lar, da casa, o espaço da intimidade e da família. Contudo, indo além das portas da unidade privativa, temos um espaço pouco definido, percebido como uma extensão da casa das pessoas. É um ambiente pouco descolado do particular, porém já tingido com um colorido do coletivo. Juridicamente os espaços de propriedade comum e os de propriedade privativa são bem definidos, mas suas fronteiras sociais ainda são pouco compreendidas entre os moradores. O coletivo torna-se um espaço de ninguém, sem dono, ou assenhorado por poucos. Parece-nos uma permanente confusão entre os limites da "casa" e do domínio da "rua" (DaMatta, 1997).

No âmbito das normas e procedimentos, os condomínios edilícios são um microssistema sociopolítico, perfazendo um pequeno recorte da sociedade. As organizações condominiais estabelecem com a sociedade diversos tipos de relações sociais, econômicas, culturais e políticas. Como sistemas sociais, possuem suas regras de comportamento e normas jurídicas para disciplinar as relações entre seus membros. Sua estrutura é constituída por órgãos com poderes executivos, normativos, deliberativos e de controle. Possuem autonomia normativa relativa, por meio da deliberação de seu regramento interno, composto pela convenção, regimento interno e decisões assembleares, subordinado à legislação hierarquicamente superior.

Na forma do artigo 1.334 do Código Civil, a convenção de condomínio determina a quota proporcional e o modo de pagamento das contribuições dos condôminos para atender às despesas ordinárias e extraordinárias do condomínio, sua forma de administração, a competência das assembleias, forma de sua convocação e quórum exigido para as deliberações; as sanções a que estão sujeitos os condôminos, ou possuidores; e o regimento interno. O Código Civil, em seu artigo 2.035, nos diz que nenhuma convenção prevalecerá se contrariar preceitos de ordem pública, a função social da propriedade e dos contratos.

Os condomínios edilícios possuem normas gerais, regulamentadas pelo Estado (no Código Civil e legislação especial) e normas particulares ou específicas, elaboradas internamente em cada microssistema condominial. As normas gerais que disciplinam os condomínios edilícios estão no Código Civil e na Lei 4.591/64, enquanto as normas específicas estão no regramento interno elaborado por cada condomínio, com base no princípio da autonomia privada.

O Código Civil possui um capítulo próprio para tratar do condomínio edilício (artigos 1.331 a 1.358), que traz alguns temas como a instituição do condomínio, constituição, direitos e deveres dos condôminos, eleição do síndico, assembleias, atribuições do síndico, conselho fiscal, quóruns especiais e outras questões aplicáveis.

As normas do Código Civil se dividem em cogentes e dispositivas. As normas cogentes se impõem por si próprias, devendo ser necessariamente observadas, não cabendo aos particulares dispor de forma diferente. As normas dispositivas impõem-se supletivamente às partes, cabendo aos interessados valer-se delas ou não. Facultam aos seus destinatários o exercício da autonomia privada, o que no caso dos condomínios possibilita tratar do assunto de forma complementar ou disciplinando de maneira diferente em seu regramento interno. Os condomínios possuem autonomia relativa para a elaboração de suas normas, desde que não confrontem normas hierarquicamente superiores. Conforme dispõem as citadas normas jurídicas, o regramento interno do condomínio é composto pela convenção, regimento interno e decisões assembleares.

No que tange à sua natureza jurídica, o grupo social que compõe o condomínio não tem personificação reconhecida em lei, o que significa que não há a segregação entre os patrimônios do grupo e o de seus membros. Também resulta na ausência de capacidade de titularizar direitos e obrigações em nome próprio. No entanto, o condomínio possui algumas exceções que lhe permitem, por exemplo, ter a titularidade processual. Em razão disso, sua personalidade jurídica é tida como controversa, peculiar, anômala ou "quase pessoa jurídica" (Tartuce, 2019, p. 507).

O condomínio edilício não é uma associação, sociedade simples ou empresária, fundação ou qualquer outra forma associativa personificada em lei. Apesar da ausência de *affectio societatis*[1] própria das sociedades, possui um vínculo com o grupo social que o compõe, que merece ser mais bem compreendido. O alicerce fundamental de sua estrutura está no direito de propriedade exercido em comum, o que termina por vincular as pessoas, de forma diferente do que ocorre em uma sociedade. O condomínio se caracteriza pelo exercício simultâneo de direitos de propriedade por diversos titulares. No Código Civil, o condomínio é classificado no Livro III (Do Direito das Coisas), no título III (Da Propriedade), dentro dos capítulos VI e VII (Condomínio Geral e Condomínio Edilício), ao passo que as sociedades estão no Livro II (Do Direito de Empresa) em campo próprio para o estudo (título II).

---

1. Pode ser entendida como a declaração expressa do sócio em constituir e permanecer em uma sociedade. A *affectio societatis* tem como características a participação, colaboração ativa e intencional para alcançar propósitos coletivos. Supõe a fidelidade, a confiança, a colaboração e a igualdade.

Quanto ao modelo de administração, temos a predominância de gestões amadoras, que são aquelas realizadas pelos próprios condôminos, caracterizadas pelo empirismo e baseadas no improviso. Há o gradativo crescimento do modelo de gestão dito profissional, praticado por terceiros com experiência e preparo. O conhecimento de gestão de condomínios é uma experiência ainda individual de cada síndico, começando a ser compartilhada e construída coletivamente. O universo acadêmico ainda não se debruçou sobre a gestão condominial, que carece da construção de uma teoria geral de administração de condomínios.

Desde o seu surgimento no primeiro quartil do século passado, os condomínios vêm adquirindo nova dimensão e gradativa complexidade organizacional. De um lado, crescem em tamanho, estrutura social e administrativa; de outro, novas obrigações legais e responsabilidades.

Os condomínios edilícios da atualidade não são as edificações de cinco andares de cem anos atrás. Alguns condomínios construídos a partir da década de 70 do século passado, na Barra da Tijuca e depois o modelo Alphaville em São Paulo, possuem grande estrutura administrativa, sendo também dotados de áreas de lazer até melhores do que às de grandes clubes recreativos, contendo espaços comerciais comparáveis aos de *shopping center*, equipados com estrutura completa de segurança e com tamanho equivalente ao de minicidades. A gestão de condomínios vem se tornando uma atividade que requer conhecimento especializado, o que contribui para o surgimento de gestores profissionais de propriedades urbanas.

É neste contexto que o modelo de gestão condominial vem sendo modificado, com espaço para a figura do síndico profissional. Este gestor não é morador do condomínio, sendo eleito para o cargo de síndico pela experiência prévia que possui nessa atividade, que lhe possibilitou adquirir conhecimento.

A atividade de gestão de condomínios não é sua mera ocupação, pois faz dela uma carreira, agindo de modo profissional. A sindicatura se tornou seu principal meio de ganhar a vida, exercendo de forma profissional e pública, de modo remunerado. O conhecimento e a experiência acumulados dão contornos próprios à atividade. Esse modelo de gestão "profissional" tem encontrado cada vez mais espaço nos condomínios, sobretudo nos de maior dimensão e estrutura organizacional mais elaborada. Contudo, a gestão praticada ainda é baseada na aprendizagem informal, sem preparação ou formação acadêmica específica, carecendo do embasamento técnico da ciência da Administração.

A complexidade do setor condominial, da dinâmica gestão de condomínios, os conflitos entre os condôminos, a necessidade de estruturação normativa para estabelecer direitos e deveres dos moradores, a importância do tratamento adequado da inadimplência, a necessidade de harmonização de conflitos e a evolução legislativa contribuíram para a especialização da atividade, dando origem ao chamado *advogado condominialista*. Este profissional jurídico destaca-se por sua atuação especializada em condomínios edilícios, prestando assessoria ao síndico, aos condôminos e às empresas administradoras de condomínios, tendo adquirido por sua atuação prática um profundo entendimento da natureza única e peculiar dessa estrutura organizacional.

O condomínio pode ser percebido como um sistema político, com interesses de diversos tipos: pessoais, grupais e coletivos. Como organização humana, é uma unidade social, composta por grupos sociais em interação, os quais são a forma básica de associação humana.

O condomínio é um grupo social secundário, composto por grupos primários, pequenos e mais restritos, caracterizados por contatos mais íntimos, possibilitando relações mais duradouras como a família, os vizinhos e os amigos. Os grupos secundários possuem maior dimensão, são mais organizados, caracterizando-se por maior número de membros, em relações impessoais, sem intimidade, com um grau menor de proximidade que os grupos primários. São relacionamentos de menor contato, mais formais e institucionais, como igrejas e partidos políticos.

As interações entre seus membros geram processos sociais. O processo grupal, também chamado de dinâmica psicossocial, refere-se a uma rede de relações equilibradas de poder entre os participantes de um determinado grupo. Alguns aspectos dos processos grupais que podemos destacar são coesão, cooperação, conflito, formação de normas, liderança, *status* e papel social (Alexandre, 2002).

Existe uma dimensão política nas organizações humanas, em que interesses particulares, de grupos e coletivos são articulados por meio de coalizões políticas com múltiplos objetivos que precisam ser compatibilizados (Morgan, 1996). A gestão de um condomínio tem por característica a reduzida participação dos condôminos, impondo aos seus gestores o desafio de gerir o coletivo sem a participação coletiva. Os condomínios edilícios possuem órgãos que manifestam os poderes de execução e deliberação, representados pelo síndico e pela assembleia de condôminos. O síndico, como órgão executor, tem determinadas atribuições, mas para alguns assuntos necessita da decisão do colegiado. Algumas questões mais relevantes precisam de maior representatividade dos condôminos, não bastando a maioria dos presentes na assembleia. Para tais casos, a lei reserva quóruns diferenciados. O quórum é o número mínimo de condôminos presentes à assembleia geral para se iniciar e para deliberar sobre matérias comuns e especiais. Os quóruns especiais previstos em lei são de difícil alcance, o que na prática cria dificuldades aos seus gestores para alcançar as finalidades coletivas do condomínio.

A tensão inevitável das organizações condominiais não está na relação capital x trabalho, como nas empresas privadas. Encontra-se, na verdade, no exercício do direito de propriedade, que está em conflito quase permanente e inevitável com o exercício dos direitos individuais. Os gestores dos condomínios têm o desafio de harmonizar o exercício desses direitos em prol da pacificação social e da coexistência entre os vizinhos.

Diante do exposto, o condomínio edilício se apresenta como uma organização sociotécnica própria e peculiar, carecendo de abordagem específica dos estudos organizacionais próprios da Sociologia e da ciência da Administração, que forneça à ciência do Direito o arcabouço teórico que melhor possibilite compreensão acerca da sua natureza, fornecendo ainda ferramentas que auxiliem seus gestores ao alcance dos objetivos com a maior eficiência possível.

Os desafios da vida em condomínios e principais problemas jurídicos

Os condomínios apresentam significativos desafios inerentes à sua natureza. Com o advento da propriedade em planos horizontais, no terreno que abrigava uma única família, passaram a residir diversas famílias. A existência dos condomínios edilícios, para se tornar viável, depende do compartilhamento de espaços comuns e de regras para o uso das áreas privadas, impondo limitações ao uso pela harmonia e boa convivência social. Para tanto, foi necessário o desenvolvimento de um arcabouço normativo e de órgãos administrativos que possibilitassem o adequado gerenciamento das áreas comuns, estabelecendo regras para a convivência e resolução de conflitos entre os condôminos. O aspecto jurídico, portanto, tornou-se essencial para regular as relações internas e externas dessas comunidades.

Sob o prisma organizacional, o condomínio se configura como uma entidade social deliberadamente estruturada para alcançar objetivos coletivos. Possui uma complexa estrutura administrativa, composta por órgãos que representam os condôminos, desempenhando funções executivas, deliberativas, normativas, fiscalizatórias, de controle e consultivas. Nessa perspectiva, o condomínio se revela como um microssistema jurídico, munido de normas internas que visam regulamentar a convivência harmônica entre seus membros, estabelecer a forma de administração, distribuir os poderes e garantir os direitos e deveres dos condôminos.

No aspecto sociológico, o condomínio pode ser compreendido como um grupo social no qual seus membros estabelecem interações, gerando processos sociais que englobam relações de natureza político-administrativa, destacando-se interesses individuais, interesses de grupos, interesses coletivos, potencialmente causadores de conflitos e o exercício de poder. As interações entre os membros desse grupo social resultam em diversos processos sociais, como comunicação, cooperação, formação de coalizões e, inevitavelmente, conflitos. Tais processos sociais demandam cooperação para o uso harmônico das áreas comuns e privativas da propriedade. Entretanto, são frequentemente centros de disputa, seja em relação à utilização dos espaços privados e coletivos, seja no que concerne à forma de administração.

Em decorrência de sua natureza própria e peculiar, os condomínios enfrentam diversos problemas jurídicos, dentre os quais destacamos a inadimplência, os conflitos entre os condôminos, modo de gestão, interpretação e cumprimento da convenção condominial, obras e reformas, direitos e deveres dos condôminos, segurança, manutenção predial, obras e reformas.

A administração de condomínios apresenta crescente complexidade, demandando uma dinâmica que, por vezes, revela incompatibilidade com o sistema jurídico-normativo atual. Este permanece profundamente arraigado no formalismo do direito de propriedade, o que, em alguns casos, dificulta a obtenção de quóruns e a implementação de soluções administrativas ágeis e eficazes para lidar com as questões intrincadas do universo condominial.

A gestão condominial, muitas vezes, depara-se com desafios decorrentes da rigidez das normas que regem o direito de propriedade, tornando-se crucial a busca por mecanismos mais flexíveis e adaptados à atual dinâmica da gestão condominial. A agilidade nas tomadas de decisão é fundamental, visto que o contexto condominial demanda respostas céleres para solucionar desde questões cotidianas até problemas cada vez mais complexos.

Nesse sentido, faz-se necessário repensar e modernizar as bases legais que regem a gestão, proporcionando instrumentos jurídicos mais adequados e eficientes. A evolução legislativa e a incorporação de mecanismos que facilitem a administração cotidiana, sem prescindir da proteção aos direitos individuais, são passos relevantes para uma gestão condominial mais adaptada à realidade contemporânea.

A busca por soluções legais mais flexíveis e eficazes não apenas simplifica a administração dos condomínios, mas também contribui para a promoção de um convívio mais saudável e equilibrado entre os condôminos. Adaptações no sistema jurídico, considerando as peculiaridades dos condomínios, são essenciais para viabilizar respostas ágeis e efetivas diante dos desafios inerentes a essas comunidades.

Entre os diversos desafios enfrentados pela advocacia ao prestar assessoria a síndicos, condôminos e administradoras de condomínios, os autores que contribuíram para este livro optaram sabiamente por se debruçar sobre alguns problemas específicos, sem a pretensão de abordar exaustivamente todos os aspectos do universo condominial. Reconhecemo-nos como praticamente "trabalhadores da primeira hora", ainda imersos em um campo que começa a receber considerável atenção no âmbito jurídico, embora ainda não seja plenamente compreendido em sua totalidade.

Entre os tópicos abordados, destaca-se a controvérsia relacionada aos loteamentos resultantes do parcelamento do solo urbano. Com a autorização do poder público municipal, esses loteamentos optaram por implementar um controle de acesso. Essa gestão fica a cargo de uma associação de moradores criada com o propósito específico de administrar essa responsabilidade, incluindo a implementação de uma estrutura administrativa. Os loteamentos de acesso controlado são caracterizados por cercas, muros e guaritas que controlam o acesso à área interna, porém suas despesas não são consideradas despesas condominiais, embora sejam entidades jurídico-administrativas assemelhadas. A controvérsia surgiu no caso concreto, diante do confronto entre o princípio constitucional da liberdade associativa, que assegura que ninguém está obrigado a associar-se ou manter-se associado, com o princípio do enriquecimento sem causa. Isso decorre do fato de alguns moradores optarem por não se associar, mesmo beneficiando-se dos serviços disponibilizados. De outro giro, tardiamente o legislador veio a preencher a lacuna jurídica ao instituir e disciplinar os condomínios de lotes, que são regidos por leis específicas e têm áreas comuns e lotes privativos, sendo equiparados a condomínios edilícios, com cobranças de cotas *propter rem*. Porém a controvérsia em relação à cobrança de quotas por associações de moradores e condomínios ainda existe, a despeito de esforço judicial e legislativo estabelecendo critérios acerca de sua exigibilidade, com base em decisões judiciais e na Lei 13.465/17.

Outro ponto controverso diz respeito ao direito dos condôminos de participar e votar nas deliberações da assembleia, desde que estejam em situação regular. A interpretação do conceito de quitação suscita debates, especialmente no que se refere aos acordos firmados entre inadimplentes e o condomínio. A discussão gira em torno da questão de saber se tais acordos configuram uma novação da dívida anterior, extinguindo o *status* de inadimplência, ou se representam apenas um parcelamento do débito.

Na esteira da discussão acerca da inadimplência, outro artigo desta coletânea disserta sobre a imposição de restrição quanto ao uso de áreas comuns do condomínio a condôminos inadimplentes, citando decisões judiciais. O texto explora a relevância do cumprimento das obrigações financeiras para preservar a harmonia nas comunidades de condomínios edilícios. Surge a indagação sobre a legalidade dessa prática, ponderando se ela viola o direito de propriedade. Além disso, questiona-se se o condomínio, por meio do síndico, possui autorização para adotar tais medidas ou se existem métodos legais para lidar com a cobrança da inadimplência.

Outro desafio jurídico significativo enfrentado pelos advogados refere-se às penalidades aplicadas aos condôminos inadimplentes. Com a promulgação do Código Civil de 2002, as multas foram limitadas a um máximo de 2%. No entanto, a legislação permitiu que os condomínios edilícios estipulassem juros moratórios sobre o principal da dívida, tornando o descumprimento das obrigações financeiras mais oneroso ao longo do tempo. A questão que se coloca é: qual seria o percentual de juros considerado adequado? Em situações em que a comunidade condominial expressa insatisfação com o percentual de juros estabelecido, ela teria a prerrogativa, em assembleia, de, sem a necessidade de um quórum especial, definir um novo percentual? Na prática, observa-se que muitos condomínios preveem em suas convenções juros moratórios superiores a 1% ao mês, chegando, em alguns casos, a fixar taxas de 10% ao mês.

Outro grande problema enfrentado pela advocacia condominial se refere à questão da legitimidade para responder pelos débitos condominiais, visando a recuperação de créditos pelo condomínio. É relevante iniciar com uma consulta ao Cartório de Registro de Imóveis para determinar o titular do direito real sobre o imóvel, sendo este, em regra, o legitimado para responder pelos débitos condominiais. No entanto, na prática, nem todos os negócios jurídicos são registrados, o que frequentemente resulta em dificuldades na identificação do responsável.

A cobrança das cotas condominiais é ressaltada como uma ferramenta vital para a saúde financeira do condomínio, uma vez que os recursos arrecadados são destinados à manutenção do condomínio. Contudo, os desafios enfrentados são consideráveis, especialmente no que diz respeito à identificação do devedor e à determinação da legitimidade passiva, tornando-se um obstáculo para síndicos e advogados na identificação do responsável pela quitação dos débitos.

Também abordaremos a responsabilidade do arrematante em leilões judiciais, enfatizando a sub-rogação do valor do arremate para quitar dívidas condominiais. O edital é apontado como crucial para estabelecer condições e responsabilidades do arrematante, incluindo atrasos na imissão na posse.

A atuação do advogado no meio condominial deve seguir a rota da judicialização? É possível promover o tratamento da inadimplência em sede extrajudicial? Esse é um dos problemas enfrentados pelos gestores condominiais e advogados, que é abordado neste livro. São questões relacionadas à cobrança de cotas condominiais e execução judicial, destacando a importância do papel do advogado especializado em direito condominial diante das transformações legislativas.

Sem dúvida a inadimplência de cotas condominiais é apresentada como um desafio para síndicos e administradores, resultando em uma quantidade expressiva de processos judiciais em todo o país. O mercado condominial tem se agitado em torno de soluções para estre problema. É possível ceder o crédito condominial? Abordaremos as implicações jurídicas, econômicas e administrativas da cessão de crédito condominial.

Neste livro trataremos da cessão de crédito condominial, inserida no contexto dos direitos obrigacionais e contratuais do Direito Civil. É um tema relevante para condomínios edilícios, condôminos, administradoras, síndicos profissionais e a sociedade em geral. Seria a cessão de crédito uma solução plausível para lidar com a inadimplência de condôminos? Ela poderia proporcionar benefícios aos condomínios edilícios?

Neste contexto de cessão do crédito, o mercado condominial desenvolveu as empresas garantidoras de condomínio como uma possível solução diante da inadimplência e da demora nos processos judiciais. Elas antecipam a arrecadação ao condomínio e assumem administrativamente o problema. A antecipação de receita por garantidoras possui vantagens, como a redução da inadimplência e terceirização das cobranças, mas também pode trazer desvantagens ao condomínio. Quais são as cautelas jurídicas necessárias na contratação dessas empresas?

A atuação extrajudicial do advogado vem ganhando destaque no universo condominial, já no tratamento da inadimplência. Como as contribuições condominiais são imprescindíveis para manutenção da estrutura e funcionamento do condomínio, o trabalho jurídico é fundamental para mitigar a inadimplência. A cota condominial não é uma receita, uma contrapartida a prestação de serviços ou venda de produtos, como nas empresas, mas um rateio de despesas de manutenção da propriedade condominial, essencial para a saúde financeira do local.

A cobrança da cota condominial é apontada como uma responsabilidade do síndico, conforme estabelecido no art. 1.348, VII. Neste sentido, a cobrança extrajudicial têm se apresentado como o primeiro passo diante da inadimplência, apresentando vantagem por ter uma abordagem conciliatória e mais econômica. Cada condomínio pode decidir sobre os métodos de cobrança, sendo recomendada a utilização de diferentes meios de comunicação com o inadimplente. A atualização do cadastro dos proprietários é medida necessária para evitar atrasos e possíveis prescrições. O instrumento para acordos extrajudiciais é detalhado, enfatizando que, ao celebrar o acordo, o síndico deve agir dentro dos limites legais. A articulista destaca o trabalho do advogado como essencial na obtenção de acordos extrajudiciais, trazendo benefícios de maneira econômica e eficaz aos condôminos.

Outro ponto palpitante abordado no livro é o condômino antissocial. Este condômino é aquele que reiteradamente descumpre com seus deveres de proprietário, se tornando nocivo ao convívio em coletividade. O condômino antissocial tem sido um grande problema jurídico e social para os síndicos e advogados. É uma questão no meio jurídico que ainda se apresenta de forma inicial, impondo-se como um desafio a ser enfrentado. Ele pode ser excluído da coletividade e ter seus direitos restritos?

O livro se encerra trazendo um olhar sobre os conflitos condominiais. A resolução de conflitos condominiais desempenha papel de fundamental importância na manutenção da convivência saudável e harmoniosa entre os condôminos. Enquanto comunidades no seio das quais pessoas compartilham espaços e interesses comuns, também há, nos condomínios, divergência de opiniões e coexistência de necessidades individuais heterogêneas. Dessas dissidências podem resultar a deflagração de conflitos de diversas naturezas, gerando tensões permanentes e deteriorando relações interpessoais continuadas.

A resolução ágil e eficiente dos conflitos contribui para a eficácia da administração do condomínio. A celeridade na solução das disputas evita desgastes desnecessários e permite a redução dos custos relacionados a processos judiciais prolongados. Com isso, a administração pode concentrar seus esforços em questões mais prioritárias e no cumprimento adequado de suas responsabilidades.

Nesse contexto, há de se dar especial destaque à mediação, que tende a ser consideravelmente mais eficaz na preservação do relacionamento entre os envolvidos, na medida em que se propõe a fomentar o diálogo e a solucionar conflitos de forma mais flexível, minimizando desgastes emocionais geralmente causados por processos judiciais. Ao incentivar a participação ativa dos condôminos na busca de opções para solução do conflito, inserindo os envolvidos no processo de tomada de decisões, a mediação promove a colaboração, a construção conjunta de soluções e o fortalecimento da comunidade condominial.

Portanto, o incentivo à adoção da mediação e da arbitragem nos condomínios pode trazer uma série de benefícios, cada qual com suas especificidades, propiciando a resolução mais eficiente e pacífica de disputas, a preservação dos relacionamentos, a redução de custos e a melhoria do ambiente condominial como um todo. São estas medidas fundamentais para a promoção de uma cultura de resolução de conflitos mais colaborativa, eficaz e harmoniosa.

O livro que desvenda o Direito Condominial

Este livro foi escrito por advogados atuantes no mercado condominial, trazendo questões que surgem na sua atuação profissional cotidiana. Os problemas enfrentados na atuação diária ensejam a reflexão jurídica sobre os institutos, procurando compreender o fato social, a norma jurídica, os princípios de direito, dentro da sistemática condominial.

Seja você um profissional do Direito, síndico, condômino ou simplesmente alguém interessado em compreender as nuances legais e sociais dos condomínios, este livro foi concebido para servir como um material abrangente e acessível. Aqui, não apenas examinaremos apenas o direito, mas também traremos à luz casos reais, experiências práticas e reflexões sobre como podemos aprimorar a vida em condomínios.

Prepare-se para uma imersão no universo multifacetado do Direito Condominial, no qual o direito e as normas se entrelaçam com a convivência humana, e a busca por harmonização entre diversos direitos coabita com a necessidade de construir coletividades fortes e resilientes. Que esta jornada seja esclarecedora, provocativa e, acima de tudo, enriquecedora para todos os que anseiam compreender e aprimorar o ambiente condominial em que vivem.

REFERÊNCIAS

ALEXANDRE, M. *Breves considerações sobre processos grupais*. Comum. Rio de Janeiro, 2002.

CENEVIVA, W. *Lei dos Notários e Registradores*. São Paulo: Saraiva, 2002.

CONSELHO FEDERAL DE ADMINISTRAÇÃO. *Obrigatoriedade de registro das empresas prestadoras de serviços de administração de condomínios nos Conselhos Regionais de Administração*. Acórdão 01/2011. Parecer Técnico CTE 01/2008, de 12.12.2008. Disponível em: https://documentos.cfa.org.br/arquivos/acordao_1_2011_6.pdf. Acesso em: nov. 2023.

DAMATTA, R. *A casa e a rua*: espaço, cidadania, mulher e morte no Brasil. Rio de Janeiro: Rocco, 1997.

DINIZ, M. H. *Curso de direito civil brasileiro*. São Paulo: Saraiva Educação, 2019. v. 4: "Direito das coisas".

KOJRANSKI, N. *Condomínio edilício*. Rio de Janeiro: GZ, 2011.

LOPES, J. B. *Condomínio*. 10. ed. São Paulo: Ed. RT, 2008.

MORGAN, G. *Imagens da organização*. São Paulo: Atlas, 1996.

RIZZARDO, A. Condomínio edilício e incorporação imobiliária. 5. ed. Rio de Janeiro: Forense, 2017.

TARTUCE, F. *Direito civil, direito das coisas*. 11. ed. Rio de Janeiro: Forense, 2019. v. 4.

VENOSA, S. *Direito civil*: direitos reais. São Paulo: Atlas, 2005. v. 7, n. 19, p. 209-219. ago./dez. 2002.

NATUREZA DA DÍVIDA CONDOMINIAL E A PROTEÇÃO DO BEM DE FAMÍLIA

Melina de Luna Moraes

Pós-graduada em Processo Civil pela Universidade Cândido Mendes – UCAM, Sócia do Escritório De Luna Advocacia, Mentora da Ordem dos Advogados do Brasil, seccional do Rio de Janeiro – OAB/RJ, Mentora da Associação dos Advogados do Mercado Imobiliário – ABAMI, Membro da Comissão de Direito Condominial da OAB subseção da Barra da Tijuca, Membro da Comissão de Nacional de Direito Condominial da Associação Brasileira de Advogados – ABA, Secretária Geral da Comissão de Direito Condominial da ABA/RJ e Delegada de Prerrogativas da OAB/RJ. Advogada

Sumário: 1. Introdução – 2. Do bem de família; 2.1 Da sua definição e da proteção da entidade familiar; 2.2 Das exceções quanto a impenhorabilidade do bem de família – 3. Das garantias conflitantes; 3.1 Da natureza jurídica do condomínio e de suas contribuições; 3.2 Do bem de família e da obrigação de natureza *propter rem* – 4. Conclusão – 5. Referências bibliográficas.

1. INTRODUÇÃO

O presente artigo objetiva a análise da garantia conferida ao bem de família, sua definição e proteção legal em face do conflito relacionado a garantia conferida aos débitos condominiais, analisando a natureza jurídica do condomínio edilício em cotejo com o direito à propriedade, moradia e o interesse coletivo dos demais condôminos. Para tanto, são apresentadas os aspectos legais, doutrinários e jurisprudências sobre o tema.

2. DO BEM DE FAMÍLIA

2.1 Da sua definição e da proteção da entidade familiar

O bem de família, foi tratado na Lei 8.009 de 29 de março de 1990 tendo sido instituído, como se depreende do seu artigo 1º, da proteção conferida ao bem imóvel destinado a residência da entidade familiar, nela compreendidos os imóveis de residência do próprio casal ou de pessoas com vínculo afetivo e coexistencial patrimonial, ou seja aqueles que, por vínculo sanguíneo, parental e, em seu conceito mais amplo, nestes também considerados aqueles com vínculo socioafetivos, que compartilham e dividem, dentre outras despesas, o próprio local de habitação, para regular os efeitos quanto às dívidas civis contraídas por seus membros:

*"Art. 1º O imóvel residencial próprio do **casal, ou da entidade familiar**, é impenhorável e não responderá por qualquer tipo de dívida civil, comercial, fiscal, previdenciária ou de outra natureza, contraída pelos **cônjuges ou pelos pais ou filhos que sejam seus proprietários e nele residam**, salvo nas hipóteses previstas nesta lei.*

Parágrafo único. A impenhorabilidade compreende o imóvel sobre o qual se assentam a construção, as plantações, as benfeitorias de qualquer natureza e todos os equipamentos, inclusive os de uso profissional, ou móveis que guarnecem a casa, desde que quitados." (grifos nossos).

Assim, visando a proteção da entidade familiar, a garantia também contempla pessoas solteiras, separadas e viúvas, como se verifica no entendimento trazido pela súmula 364 do Superior Tribunal de Justiça: *"O conceito de impenhorabilidade de bem de família abrange também o imóvel pertencente a pessoas solteiras, separadas e viúvas."*

Desta forma, além de ampliar o conceito familiar, com fito de preservar o direito à moradia, (artigo 6º da CRFB) de pessoas solteiras e viúvas, o legislador também conferiu impenhorabilidade legal aos imóveis que possuam, comprovadamente, tal destino de habitação ou, em último caso, que sejam geradores dos proventos necessários ao custeio de moradia. Significa dizer que, mesmo não residentes no imóvel, sendo os frutos destes aluguéis, destinados a promover o custeio e a manutenção do assento residencial familiar em outro local, o bem continuará protegido pelo mesmo manto da impenhorabilidade[1].

Logo, o imóvel de propriedade de uma determinada pessoa natural ou família, poderá ser alugado a fim de gerar subsídio para o custeio de outro aluguel, destinado à sua residência, permanecendo, ainda assim, impenhorável, uma vez que destinado ao mesmo fim – residência da entidade familiar, é o que dita a súmula 486 do Superior Tribunal de Justiça: *"É impenhorável o único imóvel residencial do devedor que esteja locado a terceiros, desde que a renda obtida com a locação seja revertida para a subsistência ou a moradia da sua família."*

Assim, se o produto do aluguel do imóvel familiar é destinado a suportar os custos do aluguel de outro imóvel também destinado à residência, a impenhorabilidade daquele, cuja titularidade se identifica, será mantida, a fim de proteger a entidade tutelada pela lei em comento:

"Agravo interno no agravo em recurso especial – Embargos à execução – decisão monocrática que negou provimento ao reclamo. Irresignação da embargada. 1. Nos termos do entendimento adotado por esta Corte, a impenhorabilidade do bem de família, prevista no art. 1º da Lei 8.009/90, estende-se ao único imóvel do devedor, ainda que este se encontre locado a terceiros, por gerar frutos que possibilitam à família constituir moradia em outro bem aluga-

---

1. CÂMARA, Alexandre Freitas. *Manual de direito processual civil.* 2022. p. 695.

do ou mesmo para garantir a sua subsistência. Incidência das Súmulas 7 e 83/STJ. 2. Agravo interno desprovido.[2]

O bem destinado à residência família também poderá ser objeto de negócio jurídico, ato voluntário, proveniente da livre convenção da parte, quando o titular assim o define, com fito de proteger o patrimônio de dívidas e eventuais execuções que venha a sofrer, observadas as regras previstas no Código Civil, artigo 1.711: *"Podem os cônjuges, ou a entidade familiar, mediante escritura pública ou testamento, destinar parte de seu patrimônio para instituir bem de família, desde que não ultrapasse um terço do patrimônio líquido existente ao tempo da instituição, mantidas as regras sobre a impenhorabilidade do imóvel residencial estabelecida em lei especial."*

Tal medida se revela de forma mais comum quando pensamos em um titular, ou titulares, que detém a propriedade de uma pluralidade de imóveis e, que assim objetivam apontar à terceiros que um determinado imóvel se destina ao seu assento residencial.

Desta forma, para que a condição seja observada por terceiros, a indicação deverá ser objeto de gravame junto ao Cartório de Registro de Imóveis competente, estendendo-se ainda, a uma condição que poderá ser instituída por efeito de algumas modalidades de disposição da propriedade, na forma do parágrafo 1º do artigo 1.711 citado acima e, do artigo 1.714[3], ambos do Código Civil.

Assim, seja o imóvel caracterizado como bem de família por manifestação da parte, seja por definição legal, o resultado final será a sua impenhorabilidade, condição que também poderá ser gravada na matrícula de um imóvel por outras razões, como nos casos de proteção patrimonial conferida aos herdeiros e sucessores, mediante declaração testamentária ou doação, a fim de que o mesmo permaneça protegido contra eventuais execuções, como dispôs o artigo 1.911 do Código Civil: *"A cláusula de inalienabilidade, imposta aos bens por ato de liberalidade, implica impenhorabilidade e incomunicabilidade."*

Neste ponto, não podemos perder de vista que a proteção conferida ao bem de residência da família, além de tutelar o direito de propriedade, previsto no artigo 5º, inciso XXII e o direito à moradia, previsto no artigo 6º ambos da CRFB, também objetiva garantir a dignidade da pessoa humana[4], princípio de ordem constitucional, descrito no artigo 1º, inciso III, da Carta Magna, sendo certo que, se eventualmente penhorado, como veremos mais adiante, a lei assegura a aplica-

---

2. STJ – AgInt no AREsp: 1607647 MG 2019/0318819-1, Relator: Ministro Marco Buzzi, Data de Julgamento: 20/04/2020, T4 – Quarta Turma, Data de Publicação: DJe 27/04/2020.
3. Art. 1.714. O bem de família, quer instituído pelos cônjuges ou por terceiro, constitui-se pelo registro de seu título no Registro de Imóveis.
4. GONÇALVES, Carlos Roberto. *Direito Civil Brasileiro – Parte Geral.* 2022. v.1. p. 345

ção do saldo remanescente, se houve, em outro bem que continuará coberto pelo mesmo manto da impenhorabilidade, é o que se verifica no parágrafo único dos artigos 1.715[5] e 1.911[6] do Código Civil.

Logo, a impenhorabilidade prevista na Lei 8.009/90 se manifesta de forma *"ope legis"*, por força da lei, e poderá ser arguida em sede de defesa, diante das formas de manifestação processual quanto às respostas do executado.

> *Execução. Penhora de imóvel. Bem de família. Impenhorabilidade. Matéria de ordem pública. Causa madura. Julgamento imediato da questão.* **A matéria acerca da impenhorabilidade do bem de família é de ordem pública e de natureza cogente, podendo ser arguida em qualquer tempo e grau de jurisdição.** *Afastada a preclusão e estando o processo devidamente instruído, aplica-se a teoria da causa madura para a análise da questão. Demonstrado que o imóvel penhorado é a residência familiar dos sócios executados e de sua família, não é possível manter a constrição sobre o referido bem, haja vista a proteção conferida ao direito de moradia prevista na Lei 8.009/90, que resguarda a impenhorabilidade do bem de família.*[7] (grifos nossos).

2.2 Das exceções quanto a impenhorabilidade do bem de família

Nesse sentido, diante do caso sob análise, apesar da proteção geral conferida ao bem imóvel – bem de família, contra dívidas civis, comerciais, fiscais, previdenciárias ou de outra natureza, que sejam contraídas pelos cônjuges, pais ou filhos, proprietários e residentes, existem algumas exceções, o que verificaremos no presente artigo, quanto às dívidas decorrentes das contribuições condominiais e inerentes ao referido imóvel, em especial, na forma do inciso IV do artigo 3º, da Lei 8.009/90.

Neste ponto é imprescindível observar que de igual sorte, a impenhorabilidade será afastada, independente da forma que tenha se atribuído tal condição ao bem, seja por enquadramento legal, seja por ato registral, decorrente de negócio jurídico formalizado.

---

5. Art. 1.715. O bem de família é isento de execução por dívidas posteriores à sua instituição, salvo as que provierem de tributos relativos ao prédio, ou de despesas de condomínio.
   Parágrafo único. No caso de execução pelas dívidas referidas neste artigo, o saldo existente será aplicado em outro prédio, como bem de família, ou em títulos da dívida pública, para sustento familiar, salvo se motivos relevantes aconselharem outra solução, a critério do juiz.
6. Art. 1.911. A cláusula de inalienabilidade, imposta aos bens por ato de liberalidade, implica impenhorabilidade e incomunicabilidade.
   Parágrafo único. No caso de desapropriação de bens clausulados, ou de sua alienação, por conveniência econômica do donatário ou do herdeiro, mediante autorização judicial, o produto da venda converter-se-á em outros bens, sobre os quais incidirão as restrições apostas aos primeiros.
7. TRT-10 – AP: 00003084220135100013 DF, Data de Julgamento: 21/07/2021, Data de Publicação: 28/07/2021

*"Despesas condominiais. Execução. Penhora da unidade condominial. Alegação de impenhorabilidade do bem de família. Inadmissibilidade. **A natureza 'propter rem' da obrigação condominial é suficiente para permitir a penhora sobre o próprio imóvel que gerou a dívida, ainda que sobre ele recaia impenhorabilidade legal ou voluntária.** Excesso de penhora afastado. Recurso desprovido."*[8] (grifos nossos).

Cumpre ressaltar que apesar da definição decorrente do artigo supracitado, ao mencionar "taxas e contribuições" a confirmação da inoponibilidade da proteção conferida ao bem de família para as despesas decorrentes das cotas condominiais, decorreu de assente jurisprudência dominante do Superior Tribunal de Justiça[9], confirmando a referência trazida no dispositivo:

*Agravo regimental no recurso especial. Cobrança. Taxas condominiais. Bens móveis guarnecedores da casa. Jurisprudência. Precedentes. Súmula 7/STJ. 1. **A jurisprudência do Superior Tribunal de Justiça firmou o entendimento de que é possível a penhora de bem de família quando a dívida é oriunda de cobrança de taxas e despesas condominiais.** 2. Para prevalecer a pretensão em sentido contrário à conclusão do tribunal de origem, que reconheceu a penhorabilidade do bem, mister se faz a revisão do conjunto fático-probatório dos autos, o que, como já decidido, é inviabilizado, nesta instância superior, pela Súmula 7 desta Corte. 3. Agravo regimental não provido.*[10](grifos nossos).

Tal possibilidade também foi contemplada em nosso Código Processual Civil, como dispôs o § 1º do art. 833 ao dispor que *"a impenhorabilidade não é oponível à execução de dívida relativa ao próprio bem, inclusive àquela contraída para sua aquisição."*[11]

Tudo, por um simples motivo, o imóvel é o gerador da própria obrigação, logo, a despesa que aqui se fala é inerente a sua própria conservação, existência, uma vez que, se o imóvel está inserido em determinado território, quanto as obrigações municipais – IPTU (artigo 156, inciso I da CRFB), por exemplo, responderá pelos eventuais débitos e, no presente caso, por estar fisicamente situado dentro de um conglomerado dividido em unidades autônomas com o compartilhamento de áreas comuns – condomínio edilício, sempre permanecerá vinculado a estas características, independentemente de quem seja o seu proprietário na ocasião.

"Direito processual civil. Agravo de instrumento. Natureza propter rem das taxas condominiais. Penhora de imóvel que gerou taxas condominiais. Transferência do bem a terceiro. Possibilidade.

---

8. TJ-SP – AI: 01143906620128260000 SP 0114390-66.2012.8.26.0000, Relator: Pedro Baccarat, Data de Julgamento: 28/06/2012, 36ª Câmara de Direito Privado, Data de Publicação: 29/06/2012
9. SCAVONE JUNIOR, Luiz Antonio. *Direito Imobiliário*: teoria e prática. 12. ed. Rio de Janeiro: Forense, 2017. p. 988.
10. STJ – AgRg no REsp: 1196942 MG 2010/0101910-2, Relator: Ministro Ricardo Villas Bôas Cueva, Data de Julgamento: 12/11/2013, T3 – Terceira Turma, Data de Publicação: DJe 21/11/2013
11. THEODORO JÚNIOR, Humberto. *Processo de execução e cumprimento de sentença*. 2020, p. 371.

*Decisão reformada. 1. Em razão da natureza propter rem, a dívida decorrente de taxas condominiais adere à coisa, **independentemente de quem seja o seu titular, de modo a autorizar a penhora do imóvel para a satisfação do débito em execução**, mesmo que tenha sido transferido a terceiro. 2. Agravo de Instrumento conhecido e provido. Unânime."*[12] (grifos nossos).

3. DAS GARANTIAS CONFLITANTES

3.1 Da natureza jurídica do condomínio e de suas contribuições

Neste sentido, para melhor compreensão dos interesses conflitantes, que resultaram na assente jurisprudência adotada, cumpre, incialmente, relembrar a natureza jurídica do condomínio e, por conseguinte o destino de suas contribuições.

Como cediço, o condomínio edilício, matéria tratada nos artigos 1.331 a 1.358 do Código Civil, é definido como um ente despersonalizado, sem fins lucrativos cujos rateios ordinários e extraordinários, objetivam a manutenção do bem comum, sem a finalidade de angariar lucro, mas, apenas, promover o rateio das despesas que se façam necessárias à sua própria manutenção e conservação, evitando ainda o seu perecimento (artigos 1.336, inciso I e 1.357 do CC).

Nos condomínios existem as partes de propriedade exclusiva – unidades autônomas (artigo 1.331 do CC)[13] que, no caso em estudo, nos referimos aos apartamentos com destinação residencial e, as partes de uso comum, como os

---

12. TJ-DF 07210253220188070000 DF 0721025-32.2018.8.07.0000, Relator: FÁTIMA RAFAEL, Data de Julgamento: 15/05/2019, 3ª Turma Cível, Data de Publicação: Publicado no DJE: 28/05/2019. Pág.: Sem Página Cadastrada.

13. Art. 1.331. Pode haver, em edificações, partes que são propriedade exclusiva, e partes que são propriedade comum dos condôminos.

    § 1º As partes suscetíveis de utilização independente, tais como apartamentos, escritórios, salas, lojas e sobrelojas, com as respectivas frações ideais no solo e nas outras partes comuns, sujeitam-se a propriedade exclusiva, podendo ser alienadas e gravadas livremente por seus proprietários, exceto os abrigos para veículos, que não poderão ser alienados ou alugados a pessoas estranhas ao condomínio, salvo autorização expressa na convenção de condomínio. (Redação dada pela Lei nº 12.607, de 2012)

    § 2º O solo, a estrutura do prédio, o telhado, a rede geral de distribuição de água, esgoto, gás e eletricidade, a calefação e refrigeração centrais, e as demais partes comuns, inclusive o acesso ao logradouro público, são utilizados em comum pelos condôminos, não podendo ser alienados separadamente, ou divididos.

    § 3º A cada unidade imobiliária caberá, como parte inseparável, uma fração ideal no solo e nas outras partes comuns, que será identificada em forma decimal ou ordinária no instrumento de instituição do condomínio. (Redação dada pela Lei 10.931, de 2004)

    § 4º Nenhuma unidade imobiliária pode ser privada do acesso ao logradouro público.

    § 5º O terraço de cobertura é parte comum, salvo disposição contrária da escritura de constituição do condomínio.

corredores, portaria, tubulações, tronco, escadas, compactadores de lixo, áreas de lazer e convivência, dentre outras.

As contribuições ordinárias objetivam o custeio mensal das despesas inerentes ao funcionamento do edifício, como salário de empregados, manutenção dos elevadores, despesas de água e luz decorrentes da utilização das áreas comuns.

As despesas extraordinárias se destinam ao custeio de demandas pontuais, com valores que ultrapassem o orçamento anual, como reformas e reparos de maior valor, mas, ainda assim, destinadas à conservação e manutenção do condomínio. Ademais, muito embora exista um capítulo específico no Código Civil (Capítulo VII) para tratar da matéria, as melhores definições para os tipos de contribuições, ordinárias ou extraordinárias, podem ser extraídas da Lei 8.245/91, ao definir os rateios de competência do locador e do locatário, no parágrafo único, inciso X do artigo 22 e, § 1º, inciso XII do artigo 23.

3.2 Do bem de família e da obrigação de natureza *propter rem*

Assim, compreendida a natureza do Condomínio e a destinação das suas contribuições, será intuitiva a compreensão do conceito atribuído às dívidas de natureza *propter rem*, que são aquelas que decorem da manutenção e estão vinculadas ao próprio imóvel, logo será o próprio bem a garantia do cumprimento de tal obrigação, estando a ela legalmente, estruturalmente e fisicamente vinculado:

> Agravo de instrumento. Execução de título extrajudicial. Decisão que deferiu pedido de penhora do imóvel objeto de dívida condominial. Recurso da ré. Requerida a declaração de impenhorabilidade do bem de família. Insubsistência. Débitos decorrentes de taxas de condomínio. Obrigação propter rem. Exceção prevista no art. 3º, IV da Lei 8.009/90. Possibilidade de constrição judicial. Decisão mantida. Recurso desprovido. **"Não há impenhorabilidade do bem de família quando penderem sobre este dívidas decorrentes de despesas de conservação do complexo condominial do qual faz parte – taxa de condomínio -, porquanto estas despesas são derivadas de obrigações assumidas em face da existência do bem (despesas propter rem)."** (Agravo de instrumento 98.008791-0, da Capital, relator Des. Nilton Macedo Machado).[14] (grifos nossos).

Diante do conceito do bem de família, em cotejo com a natureza da contribuição condominial, é possível observar um conflito de interesses diante da proteção da entidade familiar, do direito à moradia e propriedade, em face do interesse comum daquela coletividade – condomínio. Embora juristas apresentem entendimentos diversos, o que muito alimenta o desenvolvimento e o exercício do raciocínio jurídico, ao considerar a ponderação do interesse comum em face

---

14. TJ-SC – AI: 50257585220208240000 TJSC 5025758-52.2020.8.24.0000, Relator: MARCUS TULIO SARTORATO, Data de Julgamento: 06/10/2020, 3ª Câmara de Direito Civil.

do direito individual, tal medida quanto a inoponibilidade do bem de família ao débito condominial se revela de maneira acertada, senão vejamos:

> *Recurso especial. Direito processual civil. Ação de arbitramento de aluguel. Cobrança. Cumprimento de sentença. Copropriedade. Posse exclusiva. Obrigação indenizatória. Obrigação de pagar aluguel pelo uso exclusivo do bem. Despesas condominiais. Obrigação propter rem. Inadimplência. Afastamento. Impenhorabilidade do bem de família. 1. Ação de arbitramento de aluguel cumulada com cobrança proposta por coproprietário que não exerce a posse. 2. O propósito recursal consiste em definir a possibilidade de penhora de imóvel, em regime de copropriedade, quando é utilizado com exclusividade, como moradia pela família de um dos coproprietários, o qual foi condenado a pagar aluguéres devidos em favor do coproprietário que não usufrui do imóvel. 3. Segundo o disposto no art. 1.315, do Código Civil, o coproprietário é obrigado, na proporção de sua parte, a concorrer para as despesas de conservação ou divisão da coisa e a suportar os ônus a que estiver sujeita. 4. É dominante a jurisprudência no STJ que a natureza propter rem da obrigação afasta a impenhorabilidade do bem de família. Precedentes. 5. **Constituem determinantes da obrigação de natureza propter rem: a vinculação da obrigação com determinado direito real; a situação jurídica do obrigado; e a tipicidade da conexão entre a obrigação e o direito real. 6. A primazia da posse sobre a forma de exercício da copropriedade e a vedação do enriquecimento ilícito são dois fatores que geram dever e responsabilidade pelo uso exclusivo de coisa comum.** Precedentes. 7. A posse exclusiva (uso e fruição), por um dos coproprietários, é fonte de obrigação indenizatória aos demais coproprietários, porque fundada no direito real de propriedade. 8. A obrigação do coproprietário de indenizar os demais que não dispõe da posse, independe sua declaração de vontade, porque, decorre tão somente da cotitularidade da propriedade. 9. Recurso especial conhecido e não provido.*[15] (grifos nossos).

Para ilustração do conflito, vale lembrar que existem outras limitações, impostas ao regular exercício dos atributos ao direito de propriedade: usar, fruir, dispor e gozar, diante da proteção aos interesses coletivos condominiais, todos, com fito de promover a garantia do sossego, segurança e salubridade, como descrito no artigo 1.336, inciso IV do Código Civil.

Assim, neste contexto, podemos citar os casos relacionados à vedação da exploração da unidade autônoma para fins de locações atípicas de curtíssima temporada, face a destinação residencial da edificação e, a restrição da locação e alienação das vagas de garagem diante da vedação de utilização destes espaços por terceiros, na forma do § 1º do artigo 1.331 do Código Civil.

Face ao exposto, parece acertada a possibilidade de penhora do bem família, para assegurar o adimplemento das contribuições destinadas a manutenção do bem comum que, por certo abarcarão residências de outras entidades familiares que não poderão ser prejudicadas pelo perecimento ou ruína do condomínio, se ausente os recursos necessários para o custeio de suas despesas básicas, que também privilegiam a dignidade da pessoa humana, como visto.

---

15. STJ – REsp: 1888863 SP 2019/0182150-1, Data de Julgamento: 10/05/2022, T3 – Terceira Turma, Data de Publicação: DJe 20/05/2022.

A sobrecarga aos demais condôminos é flagrante no momento do impedimento, tendo em vista que o rateio, seja pelo número de unidades, seja pela fração ideal correspondente a cada imóvel (artigo 1.336, inciso I do CC), como já exposto, não visa lucro, logo se trata de uma divisão da totalidade das despesas, e, portanto, a ausência de qualquer contribuição implicará na necessidade de reforço do rateio, para que seja possível atingir o orçamento aprovado.[16]

Cabe ressaltar, para fins de uma análise mais abrangente do caso, que o conceito de bem família, nem sempre abrangerá as vagas para automóveis vinculadas ao referido imóvel, uma vez que as vagas em si, não se destinam a moradia, mas a guarda de veículos[17], o que já se encontra sumulado para as vagas com matrícula autônoma, é o que diz a Súmula 449 do STJ: *"A vaga de garagem que possui matrícula própria no registro de imóveis não constitui bem de família para efeito de penhora."*.

Assim, mesmo considerando o princípio da menor gravosidade ao executado, como trata o artigo 805 do CPC[18], a penhora do bem imóvel poderá prevalecer, ainda que seja ofertada à penhora, a vaga autônoma, com matrícula própria e vinculada ao bem familiar:

> *"Despesas condominiais. Indeferimento do pedido dos executados de limitar a penhora a duas vagas de garagem da unidade que possuem matrículas próprias. Dívida vinculada ao imóvel. Natureza de obrigação 'propter rem'. Ausência de excludente pelo confronto entre o valor do bem e o valor da dívida. **Proteção ao cumprimento das obrigações condominiais pelo vínculo em razão da coisa**. Propriedade, ademais, resolúvel, com financiamento feito a instituição bancária. Penhora mantida sobre a integralidade da unidade geradora a fim de viabilizar o recebimento integral do crédito. Recurso desprovido. **A dívida condominial está vinculada ao imóvel, sendo a obrigação de natureza 'propter rem', portanto, cabível a penhora da unidade geradora do débito, não excluindo tal possibilidade o confronto entre o valor da dívida e o valor do bem. Não se mostra cabível impor ao condomínio a excussão somente das vagas de garagem, embora com matrículas próprias, pois deve haver proteção ao cumprimento das obrigações condominiais e também da massa condominial, com pormenor de que ao montante executado são acrescidas as despesas vencidas no curso da lide até a solução e os lances normalmente atingem percentuais bastante inferiores ao valor do bem, sendo a avaliação trazida unilateral**. Ademais, há financiamento pendente e a propriedade é resolúvel por força de alienação fiduciária."[19]* (grifos nossos).

---

16. CÂMARA, Alexandre Freitas. *Manual de direito processual civil*. 2022. p. 671.
17. THEODORO JÚNIOR, Humberto. *Processo de execução e cumprimento de sentença*. 2020, p. 375.
18. Art. 805. Quando por vários meios o exequente puder promover a execução, o juiz mandará que se faça pelo modo menos gravoso para o executado.
    Parágrafo único. Ao executado que alegar ser a medida executiva mais gravosa incumbe indicar outros meios mais eficazes e menos onerosos, sob pena de manutenção dos atos executivos já determinados.
19. TJ-SP – AI: 21538317820168260000 SP 2153831-78.2016.8.26.0000, Relator: Kioitsi Chicuta, Data de Julgamento: 15/12/2016, 32ª Câmara de Direito Privado, Data de Publicação: 15/12/2016.

Na decisão acima, podemos observar ainda que o princípio da efetividade, da execução foi privilegiado, dada a natureza da obrigação e a proteção do interesse da coletividade condominial, todos, em detrimento dos mecanismos de defesa, princípios de ordem material e processual que poderiam favorecer o direito individual de propriedade e demais garantias legais e constitucionais conferidas ao devedor e à sua família, como também citado na ementa abaixo:

> Execução De Título Extrajudicial. Despesas condominiais. Hipótese em que o credor recusou justificadamente a substituição da penhora. Excesso de garantia que não se identifica na espécie. **Execução que deve se processar no interesse do credor. Inteligência dos arts. 797 c.c. 835, § 1º, do CPC.** Obrigação propter rem que faz o próprio imóvel responder pela dívida, a afastar o direito constitucional à moradia que, per se, não basta para impedir a constrição. **Hipótese em que é inoponível a alegação de bem de família. Inteligência dos arts. 1.715 do CC e 3º, IV, da Lei 8.009/90.** Constrição mantida. Orientação do STJ. Precedentes da Corte. Decisão mantida. Recurso desprovido.[20] (grifos nossos).

4. CONCLUSÃO

Por todo o exposto, o direito de propriedade não é absoluto e, a impenhorabilidade do bem de família também encontra limites legais, se em conflito com outra garantia fundamental, principalmente nas relações condominiais, como verificamos pelas balizas apresentadas nas decisões emitidas pelos tribunais, e por todos os fundamentos expostos no presente artigo.

5. REFERÊNCIAS BIBLIOGRÁFICAS

CÂMARA, Alexandre Freitas. *Manual de direito processual civil.* Barueri. São Paulo: Atlas, 2022.

GONÇALVES, Carlos Roberto. *Direito civil brasileiro*: parte geral. 20. ed. São Paulo: SaraivaJu, 2022. v. 1.

SCAVONE JUNIOR, Luiz Antonio. *Direito imobiliário*: teoria e prática. 12. ed. Rio de Janeiro: Forense, 2017.

THEODORO JÚNIOR, Humberto. *Processo de execução e cumprimento de sentença.* 30. ed. Rio de Janeiro: Forense, 2020.

---

20. TJ-SP – AI: 20706390920238260000 São Paulo, Relator: Ferreira da Cruz, Data de Julgamento: 10/04/2023, 28ª Câmara de Direito Privado, Data de Publicação: 10/04/2023.

ASSOCIAÇÃO DE MORADORES X CONDOMÍNIOS: COBRANÇA DE QUOTAS

Bruna dos Santos Feitosa de Carvalho

Mestranda em direito. Especialista em Direito Público, Imobiliário, Família e Sucessões. Mentora em Direito Imobiliário da OAB/RJ. Coordenadora do projeto de Mentoria da OAB/RJ. Membro da Comissão de Direito Imobiliário da 20ª subseção da OAB/RJ. Membro da Comissão de Direito Imobiliário e Condominial da Associação Brasileira de Advogados. Colunista, palestrante e autora de livros jurídicos. Sócia do Feitosa Sociedade de Advocacia.

Sumário: 1. Introdução – 2. Diferença entre loteamento de acesso controlado e condomínio de lotes – 3. Penhora de bem de família – 4. Da exigibilidade de cobrança de quotas em lotes de acesso controlado – 5. Conclusão – 6. Referência bibliográfica.

1. INTRODUÇÃO

O assunto trazido à baila é sobre a obrigatoriedade da cobrança de valores realizadas por associação de moradores. No que se refere às quotas, taxas ou cotas, todas aqui tratadas com o mesmo significado, posto que se referem àquelas obrigações dos associados ou condôminos de efetuar um efetivo rateio entre si, das despesas que a área em comum pode apresentar, não poderíamos deixar de consignar tais diferenças dentro do contexto do direito das obrigações.

Sobretudo, cabe suscitar onde tais conceitos se operam na prática, onde pode surgir condomínios ou associações de moradores? Quais são suas diferenças e natureza jurídica de suas respectivas cobranças aos participantes?

Esses e outros assuntos que podem ser tema de questionamentos na sociedade, ou dentro de pequenos grupos de moradores de uma região, serão abordados neste artigo, com o objetivo de trazer esclarecimentos e ajudar na hora de orientar, interpelar, assessorar ou, até mesmo, como um participante de um desses núcleos, suscitar e requerer seus próprios direitos.

2. DIFERENÇA ENTRE LOTEAMENTO DE ACESSO CONTROLADO E CONDOMÍNIO DE LOTES

Inicialmente é importante destacar acerca da *diferença entre loteamentos de acesso controlado e condomínio de lotes.*

Loteamento de acesso controlado é a forma de parcelamento do solo urbano em que há abertura, modificação, prolongamento de logradouros públicos, com o diferencial de existir o fechamento de seu perímetro por cercas, muros e guaritas, sendo o acesso à sua área interna controlado.

Suas despesas inerentes à sua manutenção não ficam incluídas no conceito de despesas condominiais.

Já o condomínio de lotes, regido pela Lei 13.465/17, possui áreas internas e todos os espaços de uso comum constituem área comum do condomínio, ao mesmo tempo em que os lotes, desvinculados de construção, constituem áreas privativas. E conforme o art. 1.358-A, § 2º, I, do CC aplica-se no que couber, ao condomínio de lotes: o disposto sobre condomínio edilício.

Logo, o condomínio de lotes possui natureza de condomínio edilício, com cobranças de cotas condominiais de natureza *propter rem*, e todas as garantias que a lei traz no sentido de proteção da estrutura condominial e convivência coletiva.

3. PENHORA DE BEM DE FAMÍLIA

A saber, a possibilidade de penhora do imóvel, mesmo que ele seja bem de família, de acordo com a jurisprudência em Tese 68 n. 1 do Superior Tribunal de Justiça: "É possível a penhora do bem de família para assegurar o pagamento de dívidas oriundas de despesas condominiais do próprio bem."

Por outro lado, de acordo com a jurisprudência em Tese, Edição 202, também do Superior Tribunal de Justiça, afirma que "a impenhorabilidade do bem de família, prevista na Lei 8.009 de 1990, não pode ser afastada em cobrança de dívida fundada em contribuições criadas por associações de moradores, por se tratar de obrigação de direito pessoal, não equiparada a despesas condominiais".

Portanto, os loteamentos de acesso controlado, na medida que não são considerados condomínios, sendo então excluídos dessa ideia e, por consequência, eventuais cobranças de quotas, as quais são afastados do conceito de crédito condominial e, ainda, apartadas também as garantias que a quota condominial possui.

4. DA EXIGIBILIDADE DE COBRANÇA DE QUOTAS EM LOTES DE ACESSO CONTROLADO

Sempre foi de extrema controvérsia a exigibilidade da cobrança de taxa de "condomínio" àqueles moradores não associados a associações de moradores ou aqueles que não anuíram com a taxa, se estabelecendo um regime de recurso repetitivo no Superior Tribunal de Justiça, o que gerou a seguinte tese:

"Tese 68 12 do STJ: As taxas de manutenção criadas por associações de moradores não obrigam os não associados ou que a elas não anuíram. (Tese julgada sob o rito do art. 543-C do CPC/73 – Tema 882).

Buscando sanar a omissão legal existente até então, a Lei 13.465 de 2017 introduziu a já permitida pela jurisprudência a figura do loteamento de acesso controlado, dessa vez fixando, com clareza, sua natureza jurídica e permissibilidade pelo ordenamento jurídico; entretanto, a lei não sanou as questões envolvendo a exigibilidade das contribuições, haja vista que sequer regulou o assunto.

Ato contínuo, a Lei 13.465/17 também alterou a Lei do Parcelamento do Solo – Lei 6.766/79 em seu art. 36-A – no sentido de equiparar as Associações de moradores à verdadeiras administradoras de imóveis, vejamos:

Art. 36-A. As atividades desenvolvidas pelas associações de proprietários de imóveis, titulares de direitos ou moradores em loteamentos ou empreendimentos assemelhados, desde que não tenham fins lucrativos, bem como pelas entidades civis organizadas em função da solidariedade de interesses coletivos desse público com o objetivo de administração, conservação, manutenção, disciplina de utilização e convivência, visando à valorização dos imóveis que compõem o empreendimento, tendo em vista a sua natureza jurídica, vinculam-se, por critérios de afinidade, similitude e conexão, à atividade de administração de imóveis. (Incluído pela Lei 13.465, de 2017)

*Parágrafo único. A administração de imóveis na forma do caput deste artigo sujeita **seus titulares à normatização e à disciplina constantes de seus atos constitutivos**, cotizando-se na forma desses atos para suportar a consecução dos seus objetivos. (grifos nossos).*

Portanto, como se pode ver, a lei retro não abarcou a questão da exigibilidade da taxa das contribuições. E de acordo com o AgInt nos EDcl no Recurso Especial 1871018 – SP (2020/0089494-2), Relator: Ministro Marco Aurélio Bellizze, data do julgamento dia 14 de setembro de 2020 decidiu-se no sentido de que não pode ser cobrado ao novo proprietário, dívidas do proprietário antigo, pois a lei não afastou a obrigatoriedade de ser um associado ou que tenha aderido aos atos constitutivos da associação, conforme trecho da ementa disponibilizada:

"2.2. O art. 36-A da Lei 6.766/1979, o qual foi incluído pela Lei n. 13.465/2017, não se aplica ao caso dos autos, tendo em vista que a lei nova não pode retroagir para conferir à associação embargante o direito de cobrar as pretendidas despesas decorrentes de serviços condominiais, tampouco afasta a exigência de que o recorrido seja associado ou tenha aderido ao ato que instituiu o encargo.

*2.3. A existência de associação, a fim de reunir moradores com o objetivo de defesa e preservação de interesses comuns em área habitacional, não possui o caráter de condomínio e, portanto, **não possui natureza de dívida propter rem**." (grifos nossos).*

Isto posto, ainda com os diversos posicionamentos jurisprudenciais e mudanças na legislação, permaneceu viva a dúvida e questionamentos quanto ao cabimento de cobranças de taxas da Associação de moradores aos proprietários, e para sanar tal controversa, o Supremo Tribunal Federal se manifestou através do RE 695911 no sentido de que:

*"Órgão julgador: **Tribunal Pleno***

*Relator(a): **Min. DIAS TOFFOLI***

*Julgamento: **15/12/2020***

*Publicação: **19/04/2021***

*EMENTA Recurso extraordinário. Repercussão geral reconhecida. Liberdade associativa. Cobrança de taxas de manutenção e conservação de áreas de loteamento. **Ausência de lei ou vontade das partes. Inconstitucionalidade.** Lei 13.467/17. Marco temporal. Recurso extraordinário provido. Fatos e provas. Remessa dos autos ao tribunal de origem para a continuidade do julgamento, com observância da tese. 1. Considerando-se os princípios da legalidade, da autonomia de vontade e da liberdade de **associação**, não cabe a **associação**, a pretexto de **evitar vantagem sem causa**, impor mensalidade a morador ou a proprietário de imóvel que não tenha a ela se associado (RE 432.106/RJ, Primeira Turma, Rel. Min. Marco Aurélio, DJe de 3/11/11). 2. Na ausência de lei, as **associações** de moradores de loteamentos surgiam apenas da vontade de titulares de direitos sobre lotes e, nesse passo, obrigações decorrentes do vínculo associativo só podiam ser impostas àqueles que fossem associados e enquanto perdurasse tal vínculo. 3. A edição da Lei 13.465/17 representa um marco temporal para o tratamento da controvérsia em questão por, dentre outras modificações a que submeteu a Lei 6.766/79, ter alterado a redação do art. 36-A, parágrafo único, desse diploma legal, o qual passou a prever que os atos constitutivos **da associação de imóveis em loteamentos e as obrigações deles decorrentes vinculam tanto os já titulares de direitos sobre lotes que anuíram com sua constituição quanto os novos adquirentes de imóveis se a tais atos e obrigações for conferida publicidade por meio de averbação no competente registro do imóvel.** 4. É admitido ao município editar lei que disponha sobre forma diferenciada de ocupação e parcelamento do solo urbano em loteamentos fechados, bem como que trate da disciplina interna desses espaços e dos requisitos urbanísticos mínimos a serem neles observados (RE 607.940/DF, Tribunal Pleno, Rel. Min. Teori Zavascki, DJe de 26/2/16). 5. Recurso extraordinário provido, permitindo-se o prosseguimento do julgamento pelo tribunal de origem, observada a tese fixada nos autos: "É inconstitucional a cobrança por parte de associação de taxa de manutenção e conservação de loteamento imobiliário urbano de proprietário não associado até o advento da Lei 13.465/17 ou de anterior lei municipal que discipline a questão, a partir do qual se torna possível a cotização de proprietários de imóveis, titulares de direitos ou moradores em loteamentos de acesso controlado, desde que, i) já possuidores de lotes, tenham aderido ao ato constitutivo das entidades equiparadas a administradoras de imóveis ou, (ii) no caso de novos adquirentes de lotes, o ato constitutivo da obrigação tenha sido registrado no competente registro de imóveis".*

*Tema 492 – Cobrança, por parte de **associação**, de taxas de manutenção e conservação de loteamento imobiliário urbano de proprietário não-associado."* (grifos nossos).

5. CONCLUSÃO

Portanto, é inconstitucional a cobrança por parte de associação de taxa de manutenção e conservação de loteamento imobiliário urbano de proprietário não associado até o advento da Lei 13.465/17 ou de anterior lei municipal que discipline a questão. Já, após o advento de tais leis, se torna possível a cobrança de proprietários de imóveis, titulares de direitos ou moradores em imóveis de loteamentos de acesso controlado, desde que: nos casos em que já são possuidores de lotes, tenham aderido ao ato constitutivo das associações de moradores, ou no caso de novos adquirentes de lotes, o ato constitutivo da obrigação tenha sido registrado no competente registro de imóveis.

Por fim, foi através do posicionamento do Supremo Tribunal Federal que tal controvérsia foi sanada, e definido os casos em que tais cobranças podem ser executadas em face dos respectivos proprietários de imóveis ou lotes de acesso controlado.

6. REFERÊNCIA BIBLIOGRÁFICA

BUNAZAR, Maurício Baptistella. Da Obrigação Propter Rem. 2012. In: LOUREIROS, Francisco Eduardo. *Código Civil comentado*: doutrina e jurisprudência. PELUSO, Cezar (Coord.). 14 ed. Barueri: S: Manole, 2020. p. 1341.

MORAIS, Marco Aurélio Santos Stecca Morais; KARPAT, Rodrigo. *Cessão de crédito condominial*. São Paulo: Leud, 2021.

A PARTICIPAÇÃO DO CONDÔMINO INADIMPLENTE NAS ASSEMBLEIAS DO CONDOMÍNIO

Marcio Panno Waknin

Especialista em Direito Imobiliário e Condominial. Pós-graduado em Direito e Processo do Trabalho. Pós-graduado em Direito Imobiliário. Pós-graduado em Gestão de Condomínios. Professor, palestrante e síndico morador. Advogado desde 2005.

Sumário: 1. Introdução – 2. Direito do condômino de participar e votar nas assembleias – 3. Assembleias de condomínio – 4. Da quitação – 5. O devedor que faz um acordo de pagamento está quite com o condomínio? – 6. O direito de votar nas deliberações da assembleia e delas participar – 7. Inadimplente proprietário de mais de uma unidade – 8. Referências bibliográficas.

1. INTRODUÇÃO

O presente estudo visa analisar de forma clara e objetiva as questões polêmicas que envolvem o direito do condômino de votar nas deliberações da assembleia e delas participar, como preceitua o Artigo 1.335 do Código Civil.

Aqui, o leitor irá entender o posicionamento jurídico sobre os principais assuntos que envolvem a questão da inadimplência condominial referente à participação nas assembleias e na gestão do condomínio.

Boa leitura.

2. DIREITO DO CONDÔMINO DE PARTICIPAR E VOTAR NAS ASSEMBLEIAS

O Código Civil de 2002 estabelece, em seu Artigo 1.335, os direitos dos condôminos, sendo eles: a) usar, fruir e livremente dispor das suas unidades; b) usar das partes comuns, conforme a sua destinação, e contanto que não exclua a utilização dos demais compossuidores; c) votar nas deliberações da assembleia e delas participar, estando quite.

Este estudo visa esclarecer as diversas interpretações sobre este último, ou seja, o direito do condômino de votar e participar das assembleias do condomínio.

Primeiramente, deve ser esclarecido que a análise aqui apresentada tem amparo apenas no disposto no Código Civil, devendo, no caso concreto, ser analisada, ainda, a convenção do condomínio, que pode, eventualmente, trazer alguma peculiaridade ao caso concreto.

Isto porque a lei civil é uma noma de ordem pública, devendo seu cumprimento ser obrigatório. Já a convenção do condomínio, é um documento particular e, considerado por grande parte da doutrina como um ato-norma.

3. ASSEMBLEIAS DE CONDOMÍNIO

As assembleias de condomínio são reuniões com o objetivo de decidir questões que circundam a vida condominial e são consideradas o órgão deliberativo máximo do condomínio. As decisões por elas aprovadas tornam-se obrigatórias a todos os condôminos e moradores, mesmo aos ausentes.

Porém, uma assembleia deve cumprir alguns requisitos obrigatórios, sob pena de nulidade do ato, tais como: a convocação de todos os condôminos; respeito ao quórum de votação estabelecido pela lei ou pela convenção; deliberação restrita à ordem do dia; participação e votação apenas daqueles que estiverem quites, entre outros requisitos.

Desta forma, o condomínio que permite a participação e votação do inadimplente em suas assembleias está colocando em risco a segurança jurídica das decisões da assembleia, uma vez que, dependendo do resultado da votação, poderá haver a nulidade daquele ato.

Assim, é de suma importância que o síndico fique atento à inadimplência na data da assembleia e aja de forma preventiva, para evitar nulidades e constrangimentos naquele ato.

4. DA QUITAÇÃO

O inciso III do Artigo 1.335 do Código Civil condiciona o direito à participação e voto à quitação, sem fazer referências às taxas condominiais – se ordinárias ou extraordinárias -, às multas impostas por infrações ou à outras obrigações.

Segundo o dicionário[1] a palavra "quite" significa "livre de dívida ou de obrigação; desobrigado, quitado", não estando as obrigações restritas às pecuniárias, como bem demonstra o Artigo 1.336 do Código Civil, que estabelece os deveres (obrigações) dos condôminos.

Consta no primeiro inciso do referido dispositivo legal a obrigação pecuniária, qual seja, "contribuir para as despesas do condomínio na proporção das

---

1. Dicionário Michaelis Online. Disponível em: https://michaelis.uol.com.br/.

suas frações ideais, salvo disposição em contrário na convenção". Já nos demais incisos, temos obrigações de não fazer e de fazer.

Assim, o descumprimento destas obrigações, além daquelas previstas na convenção do condomínio, podem levar à interpretação de que o condômino está inadimplente com as suas obrigações, conforme Artigo 389 e seguintes do Código Civil e, consequentemente, não está quite com o condomínio, perdendo, portanto, o direito de participar e votar das assembleias.

É evidente que este entendimento de inadimplência obrigacional, atualmente, não está pacificado, mas deve ser aqui ventilado para o exercício do pensamento jurídico e estudo aprofundado do tema.

Já em relação à obrigação pecuniária, não nos resta dúvida que a inadimplência resta configurada no dia seguinte do vencimento da obrigação, qual seja, o pagamento da contribuição condominial.

Portanto, o condômino que deixa de pagar as despesas ordinárias, extraordinárias, chamadas de capital ou as penalidades aplicadas pelo condomínio, perde imediatamente o seu direito a participação e votação nas assembleias, retomando-os quando da quitação dos débitos.

Importante frisar que o condômino inadimplente possui prazo, até o dia da assembleia, para quitar seu débito, participar do ato e votar. Neste sentido foi a decisão da 6ª Turma Cível do Tribunal de Justiça do Distrito Federal e dos Territórios, no Agravo de Instrumento 0730121-66.2021.8.07.0000, do Relator Desembargador Leonardo Roscoe Bessa.

5. O DEVEDOR QUE FAZ UM ACORDO DE PAGAMENTO ESTÁ QUITE COM O CONDOMÍNIO?

A inadimplência das taxas de condomínio, seja ela pequena ou de grande monta, atrapalha o fluxo de caixa do condomínio, uma vez que a arrecadação serve para pagar as despesas daquele determinado condomínio.

Demandar judicialmente contra o inadimplente gera um desgaste entre as partes, aumenta as despesas do condomínio e demanda de tempo, uma vez que a ação judicial precisa seguir um rito processual.

Assim, mesmo que o condomínio não possa oferecer descontos nas taxas condominiais em atraso, é comum que ocorram negociações da dívida para que o pagamento seja pago de forma parcelada, sendo recomendado que este acordo seja realizado sempre por escrito, através de um termo de acordo e/ou confissão de dívida.

A partir desse acordo, surgem alguns questionamentos, tais como: se o condômino continua sendo devedor; se passa a ser considerado quite com o condomínio; se retoma o seu direito de participar e votar das assembleias.

A resposta a estes questionamentos não é unanime, encontrando grande divergência em nossa doutrina e jurisprudência.

A primeira corrente entende que no acordo realizado entre o condômino inadimplente e o condomínio, há uma novação, conforme previsto no Artigo 360, I, do Código Civil[2], ou seja, a partir do acordo entabulado, o condômino devedor contrai com o condomínio credor uma nova dívida, extinguindo a anterior.

Assim, aquele condômino não é mais devedor na acepção jurídica do termo, até que deixe de pagar a taxa de condomínio do mês ou a parcela do acordo firmado.

Em seu livro, Plácido e Silva[3] definiu:

"A obrigação constituída a novo vem mudar, substituir, transformar a obrigação velha, que se extingue ou deixa de existir. Desta forma, no sentido técnico novação implica, necessariamente, na extinção da dívida ou obrigação anterior, pela criação de um direito novo, quase coloca em substituição ao que foi extinto."

Neste sentido:

Apelação cível. Condomínio. Embargos à execução. Acordo do devedor com o condomínio quanto ao débito. Novação. Prescrição. Não ocorrência. O acordo firmado entre o adquirente e o condomínio, referente ao débito condominial constitui-se em novação da obrigação. Uma vez novada a dívida, extingue-se o débito anterior e cria-se uma nova obrigação entre as partes. Deste modo, não há que se falar em prescrição das parcelas do acordo firmado pela autora com a ré, em 01/08/2008, pois não transcorridos cinco anos até o ajuizamento da ação de cobrança. NEGARAM PROVIMENTO AO APELO. (Apelação Cível, 70061038071, Vigésima Câmara Cível, Tribunal de Justiça do RS, Relator: Alex Gonzalez Custodio, Julgado em: 31-08-2016).

Dessa forma, no entendimento acima, considerando o acordo como uma novação, a dívida anterior está extinta e, portanto, o condômino estará quite e, assim, poderá participar e votar nas assembleias do condomínio.

Aqui, é importante destacar a diferença entre "não estar devendo" e "não estar inadimplente". Com a novação, o condômino ainda está devendo ao condomínio – as parcelas vincendas do acordo – mas não está inadimplente com a sua obrigação de pagar, ou seja, está quite.

Por outro lado, temos parte da doutrina e jurisprudência que defende o entendimento que o acordo firmado entre o condomínio e o condômino devedor não caracteriza, necessariamente, uma novação.

Esta corrente defende que o acordo celebrado com o condomínio não se trata de novação da obrigação, mas sim de mero parcelamento do débito con-

---

2. Art. 360. Dá-se a novação:

   I – quando o devedor contrai com o credor nova dívida para extinguir e substituir a anterior; (...).

3. Vocabulário Jurídico, 20. ed. Editora Forense, página 560.

dominial, uma vez que para que se esteja diante de novação, seria necessário a criação de uma nova obrigação destinada a extinguir aquela que lhe é anterior, substituindo-a.

O mero ato de fracionamento da obrigação originária, sem qualquer alteração de seu conteúdo ou da *causa debendi* não caracteriza a novação, uma vez que há a preservação integral, da relação originária.

Neste entendimento, tem-se que as disposições trazidas pelos Artigos 360, I e 361 do Código Civil deixa claro que a mera celebração de confissão de dívida para aquisição de descontos e parcelamento não implica automaticamente em novação do débito de condomínio, sendo necessária a demonstração inequívoca de alteração substancial da obrigação e do *animus novandi*, ou seja, a notória intenção de extinguir a dívida originária para formação de uma nova.

Nesse sentido, destaca Nelson Nery Júnior[4] :

"A novação não se presume porque ela importa, em última análise, a extinção da dívida primitiva pela renúncia. Esta é a razão pela qual a intenção de novar deve manifestar-se de modo certo e evidente, revelando da parte do credor a vontade de extinguir a antiga obrigação, ao constituir a nova, liberando destarte o devedor da obrigação anterior, a cujos direitos, ele credor, por sua vez, renuncia (...) Se a novação não se presume, não é possível vê-la revelada por meras presunções. O ânimo de novar revelado tacitamente deve ser admitido se a prova puder evidenciar, de maneira inequívoca, certa e evidente, a vontade do credor, de extinguir a obrigação."

Sobre o *animus novandi*, leciona Caio Mário Da Silva Pereira[5]:

Regra é que, em não havendo a intenção de novar, não chega a operar-se a extinção da obrigação, e, em tal caso, a nova obrigação que se constitua tem o mero efeito de confirmar a primeira. Pode vir o "animus novandi" expressamente deduzido no instrumento, ou então "tollitur quaestio". Na ausência, portem, de menção específica, deve ser apurado se o conjunto de circunstâncias autoriza afirmar que se configura implicitamente, porém de maneira inequívoca. Quer isto dizer que nunca se presume a novação, pois o contrário dissonaria da sua natureza extintiva do vínculo, devendo resultar sempre da vontade das partes. O que se faculta é, tão somente, na apuração desta vontade, aceitar-se, a par da declaração explícita, a claramente dedutível dos termos da nova. Na prática, há dificuldade, às vezes, no verificar se ocorre efetivamente novação, ou se se verifica a criação de outra obrigação, sem o propósito de novar. Reconhecendo-o, os doutores apontam como um critério altamente prestimoso, no esclarecimento das dúvidas. É o da incompatibilidade. Há novação, quando a segunda obrigação é incompatível com a primeira, isto é, quando a vontade das partes milita no sentido de que a criação da segunda resultou na extinção da primeira. Ao contrário, não há se elas podem coexistir, como igualmente, não nova o terceiro que intervém e assume o débito, reforça o vínculo ou pactua uma garantia real, sem liberação do antigo devedor. Como observa, Judith Martins-Costa, a novação tácita impõe uma radical alteração no objeto e

---

4. *"Código Civil comentado"*, 7. ed., São Paulo: Ed. RT, p. 487.
5. *Instituições de Direito Civil. Teoria Geral das Obrigações.* 22. ed. Rio de Janeiro: Forense, 2009. v. II. p. 237-238.

na causa debendi, não havendo novação com a simples pactuação de uma garantia real, dilação de prazo, modificação da taxa de juros entre outros.

A novação objetiva consiste em modificação substancial do objeto ou da natureza, de modo que, se a modificação é de pouca significância ou não altera a obrigação anterior, não há falar-se em novação. Portanto, a nova obrigação tem que ser nova e diferente da primeira.

Além disso – obrigação nova -, são imprescindíveis, para que se caracterize a novação, a existência de uma obrigação anterior e o *animus novandi*, ou seja, a intenção de novar. Este último requisito é indispensável à caracterização da novação, tanto que a própria lei dispõe que *"não havendo ânimo de novar, expresso ou tácito, mas inequívoco, a segunda obrigação confirma simplesmente a primeira"*.

Neste sentido:

Recurso de agravo de instrumento. Despesas de condomínio. Ação de cobrança. Sentença de procedência. Fase de cumprimento de sentença. Exequente que pretende a penhora do imóvel. **Acordo celebrado no curso da execução entre executado e condomínio que não configura novação ante a ausência de ânimo do condomínio em substituir e liberar o proprietário do imóvel.** *(...). Acervo probatório que conclui que o executado é o proprietário do imóvel. Dívida propter rem. Afetação do imóvel para garantia das dívidas condominiais. Penhora do imóvel gerador do débito. Possibilidade. Penhora que não ofende ao princípio da menor onerosidade. Recurso Conhecido E Dado Provimento. (0073989-05.2021.8.19.0000 – Agravo De Instrumento. DES(A). Murilo André Kieling Cardona Pereira – Julgamento: 17/05/2022 – Vigésima Terceira Câmara Cível Do Tribunal De Justiça Do Rio De Janeiro)* (grifo nosso).

Assim, conclui-se que, para evitar questionamentos, o ideal é que próprio termo de acordo traga a informação se aquela composição caracteriza ou não uma novação e se, com o referido acordo, a parte retoma o seu direito de participar e votar nas deliberações da assembleia.

Outra forma de evitar questionamentos é incluir a regra, de forma clara, na convenção do condomínio, para que, assim, todos possam ter conhecimento e serem tratados de forma igualitária.

Ademais, deve ser destacado que, muitas vezes, após realizar um acordo, o condômino solicita ao condomínio uma certidão negativa de débitos (CND) e, portanto, nesta deve constar que aquela unidade tem um acordo ou novação, dependendo do caso, ficando a emissão da certidão, vinculada à quitação integral da dívida.

Outra opção seria o condomínio emitir uma certidão positiva com efeitos negativos, atestando que no momento, não há dívidas, uma vez que a mesma foi parcelada em um acordo firmado, mas que a certidão negativa definitiva, requer a quitação daquele parcelamento concedido.

6. O DIREITO DE VOTAR NAS DELIBERAÇÕES DA ASSEMBLEIA E DELAS PARTICIPAR

Outro questionamento frequente e bastante polêmico, que não encontra unanimidade na doutrina e na jurisprudência atual, é sobre o direito do condômino inadimplente votar nas deliberações da assembleia e delas participar.

Na redação do Artigo 1.335, III do Código Civil, o legislador condiciona a participação e votação do condômino à quitação. Tal redação realmente deixa margens a interpretações diversas quanto à participação.

É unanime o entendimento que o inadimplente não pode votar, ficando o debate sobre a possibilidade de sua participação nas deliberações da assembleia.

Desta forma, temos uma corrente da doutrina e jurisprudência, a qual me filio, que entende que o inadimplente não pode participar da assembleia, ou seja, não pode assinar a lista de presença e muito menos estar presente no local da assembleia.

Outros juristas defendem que o condômino pode estar presente na assembleia, não podendo, portanto, se manifestar nos assuntos ali debatidos e deliberados, devendo apenas assistir o ato. Uma outra corrente defende que o inadimplente pode estar presente na assembleia, podendo até emitir suas manifestações, ficado proibido apenas de votar nas deliberações.

Para uma análise aprofundada do tema, primeiro devemos interpretar, de forma detalhada o texto da lei, que dispõe que *"são direitos do condômino: votar nas deliberações da assembleia e delas participar, estando quite"*.

Veja que o legislador, na redação do inciso III, coloca a palavra "deliberações" no plural e a palavra "assembleia" no singular. Posteriormente, menciona "delas participar", também no plural, ou seja, fazendo menção às deliberações.

Portanto, a primeira conclusão desta análise interpretativa da legislação é que a não quitação faz com que o condômino perca, além do seu direito de voto, o direito de participar das deliberações da assembleia.

Em relação à palavra "participar", o dicionário[6] define da seguinte forma: a) transmitir uma informação; b) revelar traços comuns; c) ter ou tomar parte de; d) ter parcela de; e) compartilhar um sentimento ou um pensamento.

Com base nestas argumentações, concluímos mais uma vez que o legislador, ao determinar que o inadimplente não pode participar das deliberações da assembleia, quer dizer que o mesmo não pode transmitir uma informação, ter

---

6. Dicionário Michaelis Online. Disponível em: https://michaelis.uol.com.br/.

ou tomar parte do que está sendo deliberado e nem tampouco, compartilhar um sentimento ou um pensamento.

Portanto, entendo que diante da interpretação da lei e com base nas regras da língua portuguesa vigente, o condômino que não estiver quite não poderá participar das deliberações e, consequentemente, sequer estar presente na assembleia, uma vez que nela ocorrem as deliberações.

Deve-se observar ainda que esta é uma penalidade imposta pelo legislador ao inadimplente, que como dito anteriormente, perde o seu direito, ao descumprir o seu dever de contribuir para as despesas do condomínio.

Sobre o tema, nesse sentido é a jurisprudência:

"O diploma civil submete o exercício do direito de participar e votar em assembleia geral à quitação relativamente às dívidas que o condômino tiver com o condomínio." (REsp 1375160/SC, rel. Min. Nancy Andrighi, Terceira Turma, julgado em 01/10/2013, DJe 07/10/2013)

Outro questionamento muito comum é em relação ao ato de convocação da assembleia pelo condômino inadimplente. A legislação prevê alguns casos em que os condôminos podem convocar a assembleia e, para este ato, não há que se falar em vedação à participação do inadimplente, uma vez que o ato é anterior à assembleia.

Neste sentido:

Apelação cível. Direito civil. Condomínio edilício. Ação de anulação de ato jurídico. Improcedência na origem. Insurgência da autora. Assembleia geral. Convocação. Condômino inadimplente. Exegese do artigo 1.335, Inciso III, do Código Civil. Vedação à participação na assembleia e ao voto nas suas deliberações. Pretensão de anulação afastada. Manutenção integral da sentença. Recurso conhecido e desprovido. (TJSC, Apelação Cível 0307556-97.2015.8.24.0005, de Balneário Camboriú, rel. Jairo Fernandes Gonçalves, Quinta Câmara de Direito Civil, j. 11-04-2017).

Para tentar esgotar os assuntos polêmicos em relação à inadimplência, deve ser analisada ainda a possibilidade do inadimplente ser eleito síndico ou conselheiro (fiscal ou consultivo), o que, a princípio, seria imoral, mas não ilegal e, portanto, possível.

O Artigo 1.347 do Código Civil prevê que *"a assembleia escolherá um síndico, que poderá não ser condômino, para administrar o condomínio"*. Assim, não há na legislação nenhuma vedação à eleição do síndico em condição de inadimplente.

Para evitar qualquer tipo de questionamento ou interpretação da legislação, é importante que, mais uma vez, a convenção do condomínio esteja atualizada e faça previsão destas situações, de acordo com o interesse da coletividade e de forma complementar à legislação.

7. INADIMPLENTE PROPRIETÁRIO DE MAIS DE UMA UNIDADE

O diploma civil submete o exercício do direito de participar e votar em assembleia geral à quitação relativamente às dívidas que o condômino tiver com o condomínio.

Assim, de início, a questão que se põe é saber se essa vedação da participação e voto na assembleia se refere à pessoa do condômino, ou à unidade autônoma.

Nesse sentido, deve-se ressaltar que o Código Civil trouxe como objeto central do "condomínio edilício" a "unidade autônoma" – e não a figura do condômino –, em virtude da qual o condomínio se instaura, numa relação de meio a fim, o que aponta para a adoção da concepção objetiva de condomínio.

A partir de uma interpretação sistemática e teleológica dos dispositivos que tratam do condomínio edilício, é possível depreender que a figura da "unidade isolada" constitui elemento primário da formação do condomínio, a qual se sujeita a direitos e deveres, que devem ser entendidos como inerentes a cada unidade. Tanto assim que a taxa condominial, como é sabido, é obrigação de natureza *propter rem*, ou seja, "por causa da coisa".

As obrigações *propter rem* exteriorizam certa carga vinculante, em virtude da situação jurídica de propriedade ou de uma relação possessória sobre a coisa.

Nessa ordem de ideias, em razão da natureza *propter rem* inerente às cotas condominiais, a dívida daí decorrente está atrelada a cada unidade, e não à pessoa do condômino – na medida em que não se trata de dívida civil, mas de despesas assumidas em função da própria coisa. Note-se: a dívida é garantida pelo imóvel, o que indica a estrita vinculação entre o dever de pagar a taxa e a propriedade do bem.

Destarte, o condômino deve ser associado à unidade autônoma que ele representa, o que é corroborado pelo fato das taxas condominiais terem natureza *propter rem*.

Portanto, estando a obrigação de pagar a taxa condominial vinculada não à pessoa do condômino, mas à unidade autônoma, também o dever de quitação e a penalidade advinda do seu descumprimento estão relacionados a cada unidade.

Por conseguinte, considerando que as taxas condominiais são devidas pela unidade autonomamente considerada, a penalidade advinda do seu não pagamento, consequentemente, também deve ser atrelada a cada unidade.

Portanto, o condômino proprietário de mais de uma unidade, estando quite com uma delas, poderá participar da assembleia e exercer seu direito de voto quanto às unidades adimplentes.

8. REFERÊNCIAS BIBLIOGRÁFICAS

CÓDIGO Civil Brasileiro, acessado em 28/07/2023, através do sítio https://www.planalto.gov.br/ccivil_03/leis/2002/l10406compilada.htm.

KARPAT, Rodrigo. *Questões recorrentes da vida em condomínio*. Curitiba: Bonijuris, 2020.

QUEIROZ, Luis Fernando de. *Quórum no condomínio*: o poder do voto nas assembleias. Curitiba: Bonijuris, 2019.

CONDÔMINO INADIMPLENTE COM SUAS COTAS CONDOMINIAIS E RESTRIÇÃO DE USO DA ÁREA COMUM

Diovano Rosetti

Pós-graduado em direito imobiliário pela FACAM (Faculdade Candido Mendes) e Pós-graduando em Direito Notarial e Registral pela ESA (Escola Superior de Advocacia). Graduado em Direito pela UFES (Universidade Federal do Espírito Santo). Membro da Comissão de Direito Imobiliário da OAB/ES e Membro da Comissão de Fiscalização e Combate ao Exercício Ilegal da Advocacia da OAB/ES. Advogado e Corretor de Imóveis, consultor jurídico, imobiliário e perito avaliador judicial e extrajudicial. Endereço eletrônico advrosetti@gmail.com.

INTRODUÇÃO

Como é de sabença de todos, em um condomínio edilício o rateio das despesas do referido prédio, se faz necessário para manutenção do próprio edifício, como pagamento de conta de água, luz, material limpeza, conservação, folha de pagamento e seus encargos etc.

Sem o pagamento deste rateio, entre os seus coproprietários, o prédio não tem como sobreviver e honrar com seus compromissos, estando fadado a sucumbir.

Antes mesmo de adentrar no cerne da questão condominial, teceremos em breve relato, algumas considerações sobre formação dos condomínios. Há o condomínio necessário e o condomínio voluntário.

Podemos chamar de condomínio necessário é aquele que oriunda da lei, não dependendo da vontade das partes para sua formação; e o condomínio voluntário é aquele em que os coproprietários resolvem, por mera liberalidade, constituir uma "sociedade" da coisa ou permanecer nela após a aquisição, tendo cada um percentual ou fração da coisa.

O condomínio necessário, pode ser dividido entre: Forçado, sendo aquele caracterizado pela unicidade do referido bem, ou seja, não se pode dividir aleatoriamente, sob pena de torná-lo inviável financeiramente; e o fortuito, ou seja, aquele condomínio que foi constituído de maneira temporária ou não.

Para o nosso estudo, trataremos do condomínio edilício, que chamaria de condomínio legal, que tem sua constituição, seu regramento, sua normatização, devidamente registrado no Cartório de Registro de Imóveis, previsto no artigo 1.332 do CC, dando assim publicidade dos atos constitutivos, ou seja, qualquer pessoa podendo obter junto àquele Cartório, onde o imóvel se encontra, seu ordenamento, qual seja, convenção de condomínio e o regimento interno.

É aquele condomínio em que as pessoas se juntam, proveniente da aquisição ou de outra forma para assumir a propriedade ou domínio sobre a coisa imóvel.

Tal condomínio, como se sabe, existem partes de uso comum e partes de uso privativo, exclusivo de seu proprietário. Contudo, sua cota-parte representado por sua unidade, pertence também a um todo, através de sua fração ideal do terreno.

Os professores FARIAS, Cristiano Chaves de, e ROSENVALD, Nelson, no seu Livro Curso de Direito Civil, edição 2014, 10. edição, Editora jusPodivm, p. 258, assim dizem:

"Ao contrário do que se possa supor, no condomínio tradicional não há elisão ao princípio da exclusividade, eis que, pelo estado de indivisão do bem, cada um dos proprietários detém fração ideal do todo. Há uma pluralidade de sujeitos em um dos polos da relação jurídica. Isto é, como ainda não se localizaram materialmente por apenas possuírem cotas abstratas, tornam-se donos de cada parte e do todo ao mesmo tempo".

Devemos sorver os ensinamentos do professor MELLO, Cleyson de Moraes, no seu livro Condomínio, 2. edição, editora Processo, 2019, pág. 25, quando diz:

"O condomínio edilício só pode ser instituído por atos inter vivos ou através de testamento. Daí que ninguém por ser compelido a constituir um condomínio edilício ou a fazer parte do mesmo. Por ato inter vivos, o condomínio edilício se estabelece, por exemplo, quando várias pessoas adquirem uma área e resolvem edificar nela, estabelecendo-se as partes comuns e as partes exclusivas."

Ainda diz o professor: "O artigo 1.331 do nosso Código Civil procurou estabelecer as partes comuns do condomínio edilício. Assim, 'pode haver', em edificações, partes que são de propriedade exclusiva, e partes que são propriedades comum dos condôminos (CCB/2002, art. 1.331, caput)."

Nesta toada, o artigo 1.335 do Código Civil Brasileiro enumera uma série de direitos dos condôminos, que se mostra irrelevante se consta ou não da referida convenção de condomínio, quais sejam:

I – usar, fruir e livremente dispor das suas unidades; II – usar das partes comuns, conforme a sua destinação, e contanto que não exclua a utilização dos demais compossuidores; III – votar nas deliberações da assembleia e delas participar, estando quite.

O condômino não possui apenas direitos, possuindo também deveres e entre eles já está estampado no inciso I do artigo 1.336 do CCB, qual seja: "I – contribuir para as despesas do condomínio, na proporção de suas frações ideais, salvo disposição em contrário na convenção."

Para o condômino que descumprir seus deveres, quer atrasando com o pagamento de sua cota condominial ou inadimplindo com sua obrigação de pagamento da referida taxa, estará sujeito, em conformidade com a convenção ou lei a juros de mora e/ou multa. Trata-se, pois, da principal obrigação do condômino, considerando que se não houver sua adimplência da taxa condominial, o referido edifício não tem como sobreviver.

Prevê o artigo 1.334, I do CCB que as despesas de condomínio serão proporcionais às frações ideais, salvo disposição em contrário na convenção. Nesse particular, o legislador foi sensível ao introduzir esse comando na lei, deixando ao arbítrio dos moradores, escolher outra maneira para fazer o rateio das despesas para manutenção do prédio, modificando a regra geral da estipulação com base no rateio por fração ideal, tendo como regramento o artigo 12, § 1º da Lei 4.591/64.

Evidentemente que o rateio destas despesas, envolve a área da unidade como um todo, considerando área da unidade e também área comum, levando em conta as questões pertinentes.

Diz o artigo 1.336, § 1º do CCB: "O condômino que não pagar a sua contribuição ficará sujeito aos juros moratórios convencionados ou, não sendo previstos, os de 1% ao mês e multa de 2% sobre o débito".

Há de se observar que a redação do texto, deixa a critério do condomínio edilício, através de seus mecanismos legais a fixação dos juros moratórios, quando diz expressamente "convencionados". No silêncio do patamar dos juros e na convenção, aplica-se então os juros previstos em lei.

A decisão do STJ, tendo como relatora a Ministra Nancy Andrighi, no Resp. 1.002.525/ DF, não deixa dúvidas:

Infere-se da leitura do art. 1.336, § 1º, do CC/02, que: (i) devem ser aplicados os juros moratórios expressamente convencionados, ainda que superiores a 1% (um por cento), e (ii) apenas quando não há essa previsão, deve-se limitar os juros moratórios a 1% (um por cento) ao mês.

A correção monetária é um item que também deve ser inserido no cálculo da taxa condominial do condômino faltoso, considerando a desvalorização da moeda e a inflação que assola o país. Tal índice deverá constar na convenção de condomínio ou na sua falta aquele índice praticado pelo Tribunal de Justiça do Estado onde tramita a ação judicial.

Veja que a lei pune o inadimplente com sua obrigação, através de multa e juros sobre o débito vencido. A lei ainda, no caso do devedor contumaz, ou seja, aquele que reiteradamente não cumpre com suas obrigações, não pagando as cotas de condomínios em dia, poderá ser punido com multa que pode chegar até 10 vezes a cota padrão.

Assim diz o artigo 1.337 do CCB:

O condômino, ou possuidor, que não cumpre reiteradamente com os seus deveres perante o condomínio poderá, por deliberação de três quartos dos condôminos restantes, ser constrangido a pagar multa correspondente até ao quíntuplo do valor atribuído à contribuição para as despesas condominiais, conforme a gravidade das faltas e a reiteração, independentemente das perdas e danos que se apurem.

Parágrafo único. O condômino ou possuidor que, por seu reiterado comportamento anti-social, gerar incompatibilidade de convivência com os demais condôminos ou possuidores, poderá ser constrangido a pagar multa correspondente ao décuplo do valor atribuído à contribuição para as despesas condominiais, até ulterior deliberação da assembleia.

Prevê o enunciado 92 da JDCivil (Jornada de Direito Civil da Justiça Federal): "As sanções do art. 1.337 do novo Código Civil não podem ser aplicadas sem que se garanta direito de defesa ao condômino nocivo".

Há de observar que o texto da lei, pune o condômino inadimplente com a penalidade de multa, juros, atualização monetária e agravamento da multa que pode levar até a 10 vezes o valor da cota condominial.

Pode inclusive perder sua propriedade, por conta da inadimplência condominial, em conformidade com o que prevê o art. 3º, IV, da Lei 8.009/90.

Em análise detida, não há outra penalidade ao condômino faltoso com o pagamento de sua cota condominial. Podemos fazer então a seguinte indagação: O condomínio pode, mesmo com autorização assemblear, impedir o condômino que está inadimplente com sua cota condominial, fazer uso das partes comum do prédio, tais como: garagem, salão de festas, piscina, churrasqueira e demais áreas?

O artigo 1.334, IV do CCB, diz que: "Além das cláusulas referidas no art. 1.332 e das que os interessados houverem por bem estipular, a convenção determinará: [...] IV – as sanções a que estão sujeitos os condôminos, ou possuidores;".

O § 1º do artigo 24, da Lei 4.591/64, assim determinou: "§ 1º As decisões da assembleia, tomadas, em cada caso, pelo quórum que a Convenção fixar, obrigam todos os condôminos."

Os condomínios, imbuídos de suas "justiças", operavam em desfavor do condômino faltoso, com sua cota condominial, uma verdadeira pressão no sentido de reaver logo e com rapidez o numerário a que tinha direito, proibindo aquele de usar algumas áreas comuns do prédio, tais como: piscina, churrasqueira, academia, sala de ginastica, sob a alegação de que tais áreas não eram essenciais e que os demais condôminos adimplentes não poderiam, ou melhor, seria injusto pagar para o inadimplente fazer uso das referidas áreas.

Dessa forma, a pressão aumentava para restrição destas áreas, por conta da inadimplência de cotas condominiais e à medida que aumentava os casos, aumentava também as demandas judiciais, no sentido de discussão do caso, sob a alegação de que os condomínios estavam cerceando o direito de usar sua propriedade, direito consagrado na carta Magna de 1988.

Assim, a Terceira Turma do STJ, no Resp 1.401.815/ES, publicado em 13.02.2013, da relatoria da Ministra Nancy Andrighi, decidiu ser "ilícito o corte do elevador que servia à unidade do faltoso com o pagamento da cota condominial, por se tratar ser um serviço essencial."

Mais à frente, outro Resp. 1.564.030/MG, sendo Relator Ministro Marco Aurélio Bellizze, publicado em 19.08.2016, decidiu que era "ilegítimo o propósito de expor ostensivamente a condição de inadimplente perante o meio social em que residem, transborda dos ditames do princípio da dignidade humana".

Em outro Resp. da Quarta Turma do STJ no AgInt nos EDcl no AREsp 1.220.353/SP, sendo Relatora Ministra Maria Isabel Gallotti, publicado em 12.02.2019, vetou qualquer limitação ao uso da propriedade.

Por derradeiro no Resp. 1.699.022/SP, da relatoria do Ministro Luis Felipe Salomão, publicado em 01.07.2019, decidiu que:

"É ilícita a prática de privar o condômino inadimplente do uso de áreas comuns do edifício, incorrendo em abuso de direito à disposição condominial que proíbe a utilização como medida coercitiva para obrigar o adimplemento das taxas condominiais."

É certo que os julgados acima expostos, não tem a incidência de repercussão geral, não tendo o condão de "obrigar" os juízes de 1ª e/ou 2ª instancia a decidir pela ilicitude do condomínio em proibir as áreas comuns do prédio, àquele condômino que esteja inadimplente com a cota condominial. Contudo, tem a orientação para decisão, considerando ser o Superior Tribunal de Justiça, a corte infraconstitucional para decidir tal matéria e que certamente os juízes de 1ª e/ou 2ª instancias servirão dos seus julgados para a fundamentação de suas decisões sobre a matéria em questão.

Podemos concluir, que no texto da lei, Código Civil Brasileiro e a Lei 4.591/64, não traz de forma expressa, qualquer menção referente ao condômino faltoso com sua obrigação de adimplir sua cota condominial, imposição ou restrição à utilização do uso das áreas comuns do prédio, cabendo nestes casos a interpretação dos doutrinadores e jurisprudências, considerando que a legislação pátria inclina-se no sentido de penalizar o inadimplente através de multas e elevação das penalidades, como dito anteriormente, podendo chegar a cinco ou até dez vezes o valor da cota condominial.

REFERÊNCIAS

BRASIL. *Lei 10.406, de 10 de janeiro de 2002. Institui o Código Civil.* Disponível em: https://www.planalto.gov.br/ccivil_03/leis/2002/l10406compilada.htm.

BRASIL. *Lei 4.591, de 16 de dezembro de 1964. Dispõe sôbre o condomínio em edificações e as incorporações imobiliárias.* Disponível em: https://www.planalto.gov.br/ccivil_03/leis/l4591.htm.

FARIAS, Cristiano Chaves de; ROSENVALD, Nelson. *Curso de Direito Civil.* 10. ed. Salvador: Editora jusPodivm, 2014.

MORAES, Cleyson de. *Condomínio.* 2. ed. Rio de Janeiro: Editora Processo, 2019.

A POSSIBILIDADE DE CARACTERIZAÇÃO DO CONDÔMINO INADIMPLENTE COMO ANTISSOCIAL

Rodrigo Vianna

Sócio-Fundador da R. Vianna Advocacia e Consultoria de Negócios. Pós-Graduado em Direito Imobiliário pela Escola Paulista de Direito. Vice-Presidente da Comissão de Direito Condominial da OAB/RJ Pavuna. Membro da Comissão de Direito Condominial da Associação Brasileira de Advogados RJ. Membro da Comissão de Direito Imobiliário e Condominial OAB/RJ Méier. Membro da Comissão de Direito Imobiliário e Urbanístico da OAB/RJ Leopoldina. Membro da Comissão Especial de Leilão da OAB/RJ Barra da Tijuca. Secretário Adjunto da Comissão de Estudo e Publicidade de Serviços Jurídicos pela Internet na OAB/RJ. Consultor jurídico em aquisições imobiliárias. Palestrante. Advogado.

Sumário: 1. Introdução – 2. O condômino inadimplente – 3. O antissocial e a dificuldades em seguir regras – 4. A possibilidade de caracterização do condômino devedor como antissocial – 5. Conclusão – 6. Referência bibliográfica.

1. INTRODUÇÃO

A densidade demográfica nos centros urbanos, bem como o crescente índice de violência tem levado um número considerável de pessoas a compartilharem um mesmo espaço fechado de convívio em torno de sua moradia. Essas unidades patrimoniais conhecidas pela figura jurídica dos condomínios, tanto na forma vertical quanto na forma horizontal ganham cada vez mais espaço no cenário urbano. Isso se dá por conta da segurança extra que tais locais geralmente possuem, por comumente serem cercados e contarem diversos recursos de segurança patrimonial, além de, em muitos casos, apresentarem vantagens como piscinas, área de festas, academias, pracinhas para crianças etc.

Com a inscrição no registro imobiliário, tais locais se tornam legalmente constituídos, nascendo então direitos e deveres por parte de todos aqueles que integram com uma fração no todo condominial. Fala-se em função social que advém do dever de todos em arcar com a manutenção da área do condomínio, mantendo assim as condições de habitação e mantendo a valorização patrimonial do ativo imobiliário (CARNAÚBA, 2018).

Nesse sentido, a taxa condominial pode ser considerada como o meio adequado para que seja possível a manutenção do espaço coletivo considerado como condomínio. Portanto, tal taxa integra as relações condominiais como obrigação conhecida como *propter rem* (REsp 1860416/SP, 2020; AREsp 870868/SP, 2020; CARNAÚBA, 2018; OLIVA, 2017, p.589-590). Isso significa, em outras palavras, que o titular do direito real sobre o imóvel passa a ser considerado como devedor da prestação, no caso, a taxa condominial. Isso quer dizer que, no caso de inadimplemento por parte daquele condômino que, por algum motivo, não paga a taxa de condomínio, e com o intuito de quitar tal crédito, pode-se buscar a resolução da dívida atacando a propriedade e não quem tem o título da propriedade do imóvel (KOKKE, 2009). Nessa modalidade jurídica de obrigação, a aderência da dívida recai sobre o bem imóvel e não sobre o titular do bem (LEMOS; MELO, 2021; CETRARO, 2018).

Apesar disso, como se trata de pessoas que habitam ou simplesmente são proprietárias de bens em área de condomínios, e que devem arcar com tais taxas de manutenção para o bem-estar coletivo de todos que ali convivem, trata-se, em última instância, de formas de relacionamento interpessoal que envolve deveres. Estes que uma vez não adimplidos podem gerar a penhora do bem imóvel. Contudo, este trabalho busca se atentar à questão interpessoal e problematizar a possível personalidade do condômino que se recusa a quitar as dívidas inerentes à taxa de condomínio (RODOVALHO; BATISTA, 2014).

Nesse sentido, faz sentido compreender tais sujeitos como antissociais? Essa questão é a norteadora do trabalho em tela e sua resposta pode jogar luz tanto ao ramo do direito quanto à especulação científica em torno do tema das personalidades antissociais. Não se espera que o assunto seja esgotado, mas sim que este trabalho corrobore com a discussão da temática que é de interesse geral pela crescente forma de morar caracterizada como condomínio.

2. O CONDÔMINO INADIMPLENTE

O condômino inadimplente é, em outras palavras, aquele sujeito que tem residência em um imóvel que faz parte de um condomínio e que, por algum motivo, não paga o valor inerente à taxa condominial.

A obrigatoriedade da taxa condominial, quando não adimplida por aquele sujeito que é proprietário ou está em posse do imóvel que integra o condomínio, pode ser adimplida de modo extrajudicial ou de modo judicial (CETRARO, 2018). Pouco importa o modo contanto que ocorra a liquidação da dívida, por isso, no modo extrajudicial, não pode ser considerada como forma de constrangimento descabido do devedor. Desse modo, não existe nenhuma forma de prejuízo por parte do devedor no fato de que os outros condôminos saibam, por meio de uma lista, quais são os devedores, afinal aqueles deverão arcar com a parcela daqueles que estão inadimplentes (RODOVALHO; BATISTA, 2014).

Tal direito de acesso a esse tipo de informação é inerente à vida compartilhada nos condomínios. Portanto, desde que a informação não seja utilizada com caráter vexatório, ela é permitida. Obviamente que a individual responsabilização é plenamente aplicável àqueles condôminos que excedem seu direito de informação e constrangem indevidamente os inadimplentes.

Sabe-se que desde a entrada em vigor da Lei 13.105/2015, os títulos executivos extrajudiciais do artigo 784, inciso X foram atualizados, passando a elencar taxativamente a cobrança das despesas condominiais. Deste modo, foi possível que a cobrança de tal obrigação se tornasse possível através de uma execução autônoma. Sendo o processo executivo o rito processual adequado para haver o crédito referente às taxas condominiais, de forma judicial. Isso excluiu a mora que era a necessidade de um procedimento monitório, bem como da fase de conhecimento do crédito. Neste sentido, é pacífico o entendimento de que as taxas de condomínio são consideradas crédito executivo (RODOVALHO; BATISTA, 2014).

Caso elas não sejam adimplidas pelo condômino existem certas punições que buscam a o pagamento do crédito. Este tipo de questão é inerente aos deveres e direitos dos condôminos e está inscrita no Código Civil (2002). No artigo 1.336, § 1º está inscrita a possibilidade de aplicação de multa por conta do atraso para a quitação da taxa de condomínio. Tal multa pelo caráter moratório não deve ultrapassar os 2% (dois por cento) da taxa a ser paga. Há quem critique (RODOVALHO; BATISTA, 2014, p. 6) o valor dessa multa, ao comparar o valor que seria ínfimo se comparado aos prejuízos à coletividade que tal mora no pagamento da taxa podem ensejar.

Tal crítica ganha força quando se percebe que após a redução do valor da multa também se nota um aumento na inadimplência dessa taxa. Se comparada com a porcentagem anterior, advinda da Lei 4.591/64, que era de 1% ao mês e de 20% sobre o valor tal em atraso, observa-se que a redução foi demasiada. Contudo, além da simples causalidade, há que se pensar na crise econômica que assola o país nos últimos anos. Mas isso também não pode ser levado como uma máxima para compreender o aumento no número de maus pagadores depois da redução, afinal a crise econômica atinge todas as áreas da vida e é compreensível que, com uma taxa pequena, as pessoas tendam a dar maior importância para as dívidas cujos juros sejam maiores do que 2% (SILVESTRE; OLIVEIRA, 2016, p. 16).

Os impactos nessa falta de pagamento são sentidos por todos os moradores, inclusive pelos maus pagadores. Isso porque, além de um aumento de ações trabalhistas dos funcionários contratados dos condomínios, movidas contra estes por falta de pagamento, tem-se também a deterioração de fachas e áreas comuns, redução de serviços, cortes e desvalorização dos imóveis por conta da falta de capital (SILVESTRE; OLIVEIRA, 2016, p. 17).

Além da multa, existe outra forma que pode ser considerada como uma sanção legal a ser aplicada ao condômino inadimplente. Ela consiste em retirar o poder de voto do sujeito que está em débito com o condomínio. Com isso, nas assembleias, tais sujeitos não podem exercer seu poder de escolha através do voto para assuntos de interesse de todos, como organização orçamentária, escolha do síndico etc. A força de lei para tal medida é garantida pelo artigo 1.335, inciso III, do Código Civil, onde se lê que o direito de exercício de escolha em assembleias condominiais, faz-se necessário que o condômino não possua obrigações condominiais em atraso.

Há entre os estudiosos dessas relações um pensamento de que é cabível a aplicação de sanções diversas às legais, e isso se basearia no fato de se tratar de uma relação de direito privado a existente entre o condômino e condomínio. Exemplo desse pensamento é o que João Batista Lopes (1997, p. 96) afirma ao argumentar que na convenção o condomínio pode taxativamente descrever a sanção a ser aplicada caso ocorra falta de pagamento da taxa condominial. Contudo, cabe ressaltar que se trata, na lei, de uma punição de multa, portanto qualquer forma de sanção privada que configure norma que restrinja direitos não pode ser admitida como interpretação extensiva da própria lei.

Ainda assim, diversos autores compreender que é possível a supressão de serviços básicos como o abastecimento d'água, de energia elétrica etc., por conta da falta de pagamento da taxa condominial. Isso ganha força argumentativa ao considerar que as empresas de serviço público que prestam tais serviços podem descontinuá-los em virtude de inadimplência, contudo, a ressalva que os autores que concordam com essa modalidade de punição fazem é de deve existir prévia tipicidade garantida pela inscrição da norma na convenção (SILVESTRE; OLIVEIRA, 2016, p. 18).

O que se pode compreender do até aqui exposto é a importância cabal que a taxa de condomínio possui na manutenção de serviços e de áreas comuns do condomínio edilício, bem como a manutenção do valor dos imóveis etc. Tendo em vista a necessidade do valor, gerado pelo pagamento da taxa de cada um dos condôminos, para a quitação de despesas comuns e para a realização de serviços em prol daquela coletividade, legalmente instituída na figura jurídica do condomínio e representada pelo síndico, o não pagamento de tal taxa não pode ser relativizada, pois quem assim age, prejudica não somente a si mesmo, mas também toda a coletividade que o cerca, pois estes tem que arcar com os valores não recolhidos pelos que não pagam e/ou acabam ficando sem a prestação de serviços básicos e de manutenção das áreas comuns, reduzindo não só o valor dos imóveis, mas também tendo sua qualidade de vida reduzida, em última análise.

Pode-se perceber que tanto a compreensão legal, quanto o entendimento doutrinário a respeito desse tema são taxativos no entendimento de que o valor da

A POSSIBILIDADE DE CARACTERIZAÇÃO DO CONDÔMINO INADIMPLENTE COMO ANTISSOCIAL **37**

taxa deve ser condizente com as respectivas frações ideais do condomínio. Pouco importando se o condômino as utiliza ou não, pois seu caráter não é de utilização, mas de manutenção do bem comum. Neste sentido, o sujeito que se integra a um condomínio através de uma moradia neste local, passa, tacitamente a ser obrigado a pagar o valor da taxa condominial para o pagamento e manutenção das despesas indispensáveis à conservação do bem comum.

Neste sentido, nos casos que são ajuizados, percebe-se que tanto a doutrina quanto a própria lei buscam discriminar justamente as despesas consideradas ordinárias daquelas consideradas extraordinárias para que a cobrança seja feita de modo correto.

Também com relação às punições plicadas aos inadimplentes, existe a possibilidade de que o condomínio impeça o acesso de tais condôminos às áreas comuns do condomínio. Essa norma ganha coerência, pois seu caráter é de se impedir o que se entende juridicamente como enriquecimento ilícito, por conta da qualificadora da fruição ilegítima de um bem/serviço por aquele sujeito que não paga a taxa de condomínio, uma vez que os demais moradores se veem na obrigação sustentar a falta desse pagamento.

Contudo, como se viu, o condomínio não deve agir de modo ilegal para haver o adimplemento do crédito da taxa condominial. Este deve realizar a cobrança sem, contudo, constranger o condômino inadimplente. Neste sentido as possibilidades de penhora do imóvel, da adjudicação, bem como da arrematação que são hipóteses apresentadas na doutrina, devem ser utilizadas com prudência e nunca vistas de uma forma absoluta. Isso significa que cada caso deve ser vislumbrado cuidadosamente e de modo único, levando em conta o próprio histórico de pagamento das despesas e da taxa de condomínio pelo sujeito inadimplente.

Adiante vamos levar em conta os condôminos que não pagam a taxa condominial por vontade própria. Descartando, portanto, aqueles que eventualmente atrasam ou deixam de pagar por motivos de força maior e buscam medidas conciliativas para a quitação do crédito. Busca-se separar tais sujeitos para compreender minimamente possíveis aspectos de suas personalidades que corresponda o não pagamento da taxa condominial com uma possível personalidade antissocial.

3. O ANTISSOCIAL E A DIFICULDADES EM SEGUIR REGRAS

A pessoa tida como antissocial é aquela cujo comportamento é geralmente aquele que se opõe à sistemática ou à organização social de um grupo de sujeitos impactando, portanto, a diretamente a vida e os direitos de outras pessoas. Tem-se, de modo vulgar que o antissocial é aquele que não gosta de interações sociais, sujeitos cuja personalidade é mais recolhida e evita, ao máximo, situações que envolvam contato com coletividades. Porém, isso pode se dar por timidez, por pouco desenvolvimento de habilidades sociais ao longo da vida, ou simplesmente de uma personalidade introvertida.

A diferenciação de uma personalidade considerada como antissocial a essas outras características mencionadas é que na personalidade antissocial existe o elemento que prejudica outras pessoas e não somente a retirada do sujeito do convívio social, como é o caso da timidez, da introversão etc. O elemento distintivo do sujeito antissocial é a norma, especificamente o não respeito às normas.

Contudo, antes de entrar neste campo propriamente dito, faz-se importante compreender como o termo é empregado no Direito brasileiro. Pois ainda que de uma forma vulgar, por conta da falta de embasamento específico do termo, a nomenclatura antissocial adentra o ordenamento jurídico e é classificada taxativamente como aquele condômino devedor, como se pode ver no parágrafo único do artigo 1337 do Código Civil:

Art. 1.337. O condômino, ou possuidor, que não cumpre reiteradamente com os seus deveres perante o condomínio poderá, por deliberação de três quartos dos condôminos restantes, ser constrangido a pagar multa correspondente até ao quíntuplo do valor atribuído à contribuição para as despesas condominiais, conforme a gravidade das faltas e a reiteração, independentemente das perdas e danos que se apurem.

Parágrafo único. O condômino ou possuidor que, por seu reiterado **comportamento anti-social**, gerar incompatibilidade de convivência com os demais condôminos ou possuidores, poderá ser constrangido a pagar multa correspondente ao décuplo do valor atribuído à contribuição para as despesas condominiais, até ulterior deliberação da assembléia (Grifo do autor) (BRASIL, 2002).

Como se pode observar, a própria lei comporta a reiterada ausência de pagamento como um comportamento considerado como antissocial. Contudo, os pressupostos que a lei usa para tal afirmação não estão claros, pois se trata, a princípio, de um juízo de valor, sendo que o comportamento em si é de não pagar a taxa e sua classificação, ainda que em lei, como antissocial avança para a área da psiquiatria e da psicologia.

Além da lei, pode-se observar tal compreensão na jurisprudência e em informativos do Superior Tribunal de Justiça, como são os casos do Informativo 570 de outubro de 2015 da quarta turma do STJ cujo título é: "Direito Civil. Aplicação de multa a condômino antissocial" e que versa sobre "a sanção prevista para o comportamento antissocial reiterado de condômino (art. 1.337, parágrafo único, do CC) não pode ser aplicada sem que antes lhe seja conferido o direito de defesa" (BRASIL, 2015a); e também a decisão do REsp 1.247.020/DF, Rel. Ministro Luis Felipe Salomão, Quarta Turma, julgado em 15/10/2015, DJe 11/11/2015, que fala sobre "o 'condômino nocivo' ou 'antissocial'" que não seria "[...] somente aquele que pratica atividades ilícitas, utiliza o imóvel para atividades de prostituição, promove a comercialização de drogas proibidas ou desrespeita constantemente o dever de silêncio, mas também aquele que deixa de contribuir de forma reiterada com o pagamento das taxas condominiais (BRASIL, 2015b)."

Tal embasamento legal da terminologia, bem como o seu aceite por tribunais superiores e consolidada jurisprudência fazem com que o tema seja, sem grande dificuldade, considerado no cotidiano forense. Contudo, além de ser uma palavra amplamente difundida na língua vernácula, é, antes de tudo, um termo bastante específico de grandes áreas que se dedicam a estudar as questões psiquiátricas e psicológicas que envolvem diagnósticos de transtornos mentais, tal qual o antissocial.

Segundo o *Manual Diagnóstico e Estatístico de Transtornos Mentais* (DSM-5, 2014, p. 659) se trata de "um padrão difuso de desconsideração e violação dos direitos das outras pessoas que ocorre desde os 15 anos de idade [...]". E segue uma lista de indicadores, sendo necessário, no mínimo, três para fechar o diagnóstico médico além de o indivíduo ter 18 anos de idade e haver evidências características do transtorno aparentes anteriormente aos 15 anos de idade.

Entre as características mais marcantes e que condizem com o aqui estudado estão:

"[...] Descaso pela segurança de si ou de outros. [...] irresponsabilidade reiterada, conforme indicado por falha repetida em manter uma conduta consistente no trabalho ou honrar obrigações financeiras". Além de "[...] ausência de remorso, conforme indicado pela indiferença ou racionalização em relação a ter ferido, maltratado ou roubado outras pessoas" (DSM-5, 2014, p. 659).

O que se pode compreender, a partir dessa discrição desse manual, amplamente utilizado pela psiquiatria e psicologia, é que o condômino inadimplente pode facilmente preencher dois desses três critérios de modo objetivo, pois a sua conduta é reiteradamente irresponsável em manter as suas obrigações financeiras e o descaso pela segurança sua ou dos outros, uma vez que não pagando a taxa, ele se omite com relação aos serviços essenciais ao condomínio e aos demais condôminos, como água, segurança privada, portaria, cercas elétricas etc. O elemento que dificulta a evidente possibilidade de caracterização do condômino inadimplente com a taxa condominial é o elemento subjetivo que se observa na "ausência de remorso indicado pela indiferença ou racionalização".

Por mais que o sujeito inadimplente não tenha ferido fisicamente, ou maltratado e roubado outra pessoa, a sua conduta foi de se beneficiar de algo sem pagar por isso, fazendo com outras pessoas tenham pagado pelo serviço prestado em seu lugar. Neste caso, é simples fazer o paralelo com o já pensado enriquecimento ilícito e sua qualificadora: fruição ilegítima de um bem/serviço. Neste caso, levando para o aspecto legal, tem-se outro elemento da caracterização do transtorno de personalidade antissocial que é: "[...] fracasso em ajustar-se às normas sociais relativas a comportamentos legais, conforme indicado pela repetição de atos que constituem motivos de detenção". Apesar de o enriquecimento ilícito não ser tipificado no Código Penal, tem-se a quebra de uma norma objetiva, e com isso haveria a possibilidade de se fechar o diagnóstico com os três categorizadores necessários (MACHADO, 2013).

Contudo, dando um passo atrás, e não levando a causa para a esfera do descumprimento de uma norma objetiva, tem-se o elemento volitivo que é a ausência de remorso ou culpa pelo mal cometido aos demais. Contudo, a explanação sobre esse aspecto, voltado para o condômino inadimplente será objeto da próxima parte desse artigo. Neste momento, busca-se compreender melhor o comportamento antissocial e a sua relação dificultosa com a norma o que, por si só, poderia fechar os indicadores de diagnóstico, dispensando o aspecto subjetivo da questão para uma análise leiga, porém fundamentada do assunto (MACHADO, 2013).

Ainda com base no DSM-5, afinal o mesmo é referência internacional para conceituar e diagnosticar tais transtornos de personalidade, bem como várias outras desordens mentais. Observa-se que o antissocial é acometido por esse transtorno que geralmente caminha com outras comorbidade, principalmente o uso abusivo de substâncias, não necessariamente ilegais, mas muitas vezes o álcool (COSTA; VALERIO, 2008).

Também se pode auferir que tal transtorno causa efeitos drásticos, além de permanentes. Contudo, alguns autores reiteram a necessidade em se levar em conta a subjetividade dos sujeitos antissociais, mas não necessariamente para concluir que o sujeito é de fato antissocial, mas para ajudar ele a compreender-se, pois em muitos casos o próprio sujeito desconhece a sua real situação de portador de tal transtorno de personalidade (SANTOS; RIBEIRO; LIMBERGER, 2020). Mais do que o cobrar sobre o que é certo e errado, é um papel social auxiliar tais pessoas a buscarem um diagnóstico apropriado e com isso um tratamento que os possa livrar de julgamentos prematuros acerca de seu caráter e até mesmo os faça ter de enfrentar processos nas esferas civil e penal.

Além dos fatores já mencionados, e com relação à neurobiologia das pessoas com tal transtorno (DEL-BEM, 2005), sabe-se que além das questões taxativas descritas no DSM-5, pode-se perceber que o sujeito antissocial também tem uma grande dificuldade em construir vínculos duradouros, além de planejar seu futuro, motivo pelo qual não se importa com as possíveis consequências para os demais condôminos, e tampouco com as consequências judiciais que pode surgir de sua conduta de não pagar a taxa condominial.

Esse marcador, de um vizinho que possivelmente não tem relações de proximidade com os demais, além desse profundo desprezo pelas regras, substanciado no ato de não pagar a taxa e tampouco se mostrar preocupado com isso, são elementos que corroboram com a possível caracterização do condômino como antissocial (MACHADO, 2013). Mas sabendo disso tudo, e observado a possibilidade de o inadimplente ser um sujeito antissocial, o que se pode fazer com isso?

Como se pode notar, não se trata de demonizar o sujeito, mas compreender a possibilidade de o condômino ser antissocial e assim tomar outras medidas conciliativas que possam favorecer a todos, inclusive o sujeito com transtorno. Afinal com tal diagnóstico pode-se acionar a rede de apoio dessas pessoas e com isso resolver as insolvências das taxas condominiais.

4. A POSSIBILIDADE DE CARACTERIZAÇÃO DO CONDÔMINO DEVEDOR COMO ANTISSOCIAL

Com o repassado até então se pode compreender duas coisas a respeito da caracterização como sujeito antissocial do condômino que não paga a taxa condominial: a primeira é que, diante do senso comum, é demasiado simples entender que se trata de uma pessoa antissocial pelo simples desrespeito a norma, mas principalmente pelo desrespeito à manutenção do bem estar da coletividade, substanciada na taxa condominial; a outra coisa é que diante de um critério mais apurado do que se trata o transtorno de personalidade antissocial, a partir do DSM-5 e de estudos em psiquiatria e psicologia, é que a caracterização de tal sujeito inadimplente como antissocial é possível se o mesmo corresponder a alguns dos caracterizadores já passados (MACHADO, 2013).

Contudo, como se pode ver, pode existir certo debate acerca do terceiro elemento necessário para a possível caracterização. Pois esse se trataria, ou de mais um elemento objetivo observável através do comportamento observável do sujeito em meio a sua sociedade, como a dificuldade de criar laços duradouros, a dificuldade em ter perspectiva de futuro, irritabilidade, consumo abusivo de substâncias químicas e/ou álcool etc., ou um elemento subjetivo que é a "ausência de remorso indicado pela indiferença ou racionalização" (DSM-5, 2014, p. 659).

Entretanto, apesar de se tratar de um elemento subjetivo, pode-se notar que o próprio DMS-5 auxilia na sua detecção, afinal o manual está a serviço do diagnóstico psiquiátrico. Neste sentido, a ausência de remorso, que é o elemento subjetivo repassado, pode ser "indicada" através da "indiferença ou da racionalização". A indiferença pode ser notada uma vez que o sujeito for formalmente e pessoalmente avisado de seus débitos (ALVARENGA; FLORES-MENDOZA; GONTIJO, 2009).

A ausência completa de justificativa para seu reiterado atraso pode facilmente ser interpretada como indiferença. Ou então, a racionalização da resposta que se exime de tal cobrança por *e.g.* afirmar que supostamente não faz uso dos serviços do condomínio etc. Tais justificativas também podem ser consideradas como racionalizações e estas serviriam para compreender como elemento faltante para a possível caracterização do condômino inadimplente como sujeito antissocial.

5. CONCLUSÃO

Este trabalho buscou problematizar a possibilidade de caracterização do condômino inadimplente, com relação à taxa de condomínio, como antissocial. Para isso, pesquisou-se nos bancos de dados vinculados ao portal *Google scholar* sobre tal possibilidade. Encontrou-se bibliografia a respeito dessa possibilidade, como uma tese de doutorado (MACHADO, 2013), além de outros trabalhos que indiretamente auxiliam a confirmar tal possibilidade. Foi a partir da leitura do DSM-5 e sabendo dos critérios de tal transtorno de personalidade que se pode problematizar com maior profundidade a respeito de tal possibilidade.

Em caráter de considerações finais, pode-se dizer que, como dito, a função dessa caracterização não é de fechar um diagnóstico clínico, pelas impossibilidades funcionais que são atributos da medicina psiquiátrica. Contudo, a sua compreensão enquanto possibilidade é importante enquanto estratégia de possibilidades em como proceder nos casos de inadimplência, isso porque o sujeito inadimplente pode não ser apenas um mero mal pagador, mas pode-se estar diante de um caso em que o integrante do condomínio tem uma um transtorno de personalidade antissocial.

Saber dessa possibilidade é muito importante por dois motivos principais: não corroborar, ainda que involuntariamente, para estigmatizar o sujeito portador de tal transtorno, caso ocorra de o inadimplente ser mesmo antissocial, e; conseguir pensar em estratégias efetivas para se cobrar efetivamente o crédito condominial.

Afinal, com a sabedoria da possibilidade de estar lidando com o caso de um sujeito antissocial, as medidas convencionais para quitar a dívida podem ser infrutíferas, pois faz parte do sintoma de tal transtorno o desrespeito às regras e a falta de empatia. Com isso, poder-se-ia pensar em acionar a rede de familiares para a possibilidade do diagnóstico e consequentemente buscar, pela via extrajudicial ou até mesmo pela via judicial, a quitação do crédito. Ou até mesmo conseguir lidar de uma forma conciliativa com os demais condôminos e, em último caso, pleitear o afastamento de tal morador.

A importância dessa discussão é notória, tendo em vista o aumento de inadimplência no Brasil (URBANO, 2021; MORAIS *et al.*, 2021; TIRYAKI, 2017) e com ela a inadimplência da taxa condominial nos últimos anos. Isso somando aos estigmas que são inerentes à nossa sociedade com relação ao preconceito com relação aos transtornos e demais condições mentais (MENEZES NETO, 2021). Tal estigma e preconceito faz com que muitas pessoas não busquem ajuda profissional para suas questões mentais e de comportamento, o que promove uma grande subnotificação do número real de tais transtornos na sociedade brasileira.

Neste sentido é ponderado pensar na possibilidade de estar lidando com um percentual elevado de sujeitos que possam ser antissociais convivendo em condomínios e em débito com suas obrigações.

6. REFERÊNCIA BIBLIOGRÁFICA

ALVARENGA, Marco Antônio Silva; FLORES-MENDOZA, Carmen E.; GONTIJO, Daniel Foschetti. Evolução do DSM quanto ao critério categorial de diagnóstico para o distúrbio da personalidade antissocial. *Jornal Brasileiro de Psiquiatria*, v. 58, p. 258-266, 2009. Disponível em: https://www. scielo.br/j/jbpsiq/a/f6ctfGmTTxnsPHDN4hw8KKQ/abstract/?lang=pt. Acesso em: 17 mar. 2023.

BRASIL, Código de Processo Civil. *Lei 13.105, de 16 de março de 2015*. Brasília: Secretaria Geral, 2015.

BRASIL, Código Civil. *Lei 10.406, de 10 de janeiro de 2002*. Brasília: Casa Civil, 2002.

BRASIL, Superior Tribunal de Justiça. REsp 1247020/DF, rel. Min. Luis Felipe Salomão, 4ª Turma, julgado em 15/10/2015, DJe 11/11/2015. Brasília: STJ, 2015b.

BRASIL, Superior Tribunal de Justiça. AgInt nos EDcl nos EDcl no AgInt no AREsp 870868 / SP, rel. Min. Maria Isabel Gallotti, julgado em 07/12/2020. Brasília: STJ, 2020.

BRASIL, Superior Tribunal de Justiça. *Informativo 570*, 1º a 14 de outubro de 2015, Quarta turma: REsp 1.365.279-SP, rel. Min. Luis Felipe Salomão, julgado em 25/08/2015, DJe 29/09/2015. Brasília: STJ, 2015a.

BRASIL. Superior Tribunal de Justiça. AgInt no REsp 1860416 / SP, rel. Min. Paulo de Tarso Sanseverino, julgado em 15/12/2020. Brasília: STJ, 2020.

CARNAÚBA, Daniel Amaral; REINIG, Guilherme Henrique Lima. O regime das obrigações propter rem e as despesas condominiais. *Civilistica. com*, v. 7, n. 2, p. 1-47, 2018.

CETRARO, Jose Antonio. A execução extrajudicial no SFH: do Decreto-lei 70/66 à Lei 9.514/97. *Revista de Direito Imobiliário*, São Paulo, SP, v. 84, p. 427-439, 2018. Disponível em: https://irib. org.br/publicacoes/rdi84/pdf.pdf#page=427. Acesso em: 17 mar. 2023.

COSTA, Janelise Bergamaschi Paziani; VALERIO, Nelson Iguimar. Transtorno de personalidade anti-social e transtornos por uso de substâncias: caracterização, comorbidades e desafios ao tratamento. *Temas em psicologia*, v. 16, n. 1, p. 107-119, 2008. Disponível em: https://www. redalyc.org/pdf/5137/513753244010.pdf. Acesso em: 17 mar. 2023.

DCM-5. *Manual diagnóstico e estatístico de transtornos mentais* [recurso eletrônico]: DSM-5 / [American Psychiatric Association; tradução: Maria Inês Corrêa Nascimento... *et al.*]. 5. ed. Porto Alegre: Artmed, 2014.

DEL-BEN, Cristina Marta. Neurobiologia do transtorno de personalidade anti-social. *Archives of Clinical Psychiatry*, São Paulo, v. 32, p. 27-36, 2005. Disponível em: https://www.scielo.br/j/rpc/a/ jJYXhCwb7MtTzrGvfHFwHJb/abstract/?lang=pt. Acesso em: 17 mar. 2023.

KOKKE, Marcelo. Alienação em hasta pública de imóvel por dívida de condômino. *Revista do Tribunal Regional Federal da 1ª Região*, v. 21, n. 8, 2009. Disponível em: https://core.ac.uk/download/pdf/16013458.pdf. Acesso em: 17 mar. 2023.

LEMOS, Laírcia Vieira; MELO, Álisson José Maia. A obrigação das taxas condominiais no direito civil brasileiro e a possibilidade de medidas alternativas para seu cumprimento. *Revista da Faculdade de Direito*, v. 38, n. 2, p. 123-141, 2021. Disponível em: http://www.revistadireito.ufc.br/index.php/revdir/article/view/562. Acesso em: 17 mar. 2023.

MACHADO, Bruno Mangini de Paula. *O condomínio edilício e o condômino com reiterado comportamento antissocial*. 2013. Tese de Doutorado. Universidade de São Paulo. Disponível em: https://www.teses.usp.br/teses/disponiveis/2/2131/tde-02122013-083142/en.php. Acesso em: 17 mar. 2023.

MENEZES NETO, Joaquim Borges *et al.* O estigma da doença mental entre estudantes e profissionais de saúde. *Research, Society and Development*, v. 10, n. 3, 2021.

MORAIS, Leucivaldo Carneiro *et al.* Com o aumento do desemprego, número de inadimplentes continua crescendo no Brasil. *Brazilian Journal of Development*, v. 7, n. 2, 2021.

OLIVA, Milena Donato. Apontamentos acerca das obrigações propter rem. *Revista de Direito da Cidade*, v. 9, 2, 2017. Disponível em: https://www.e-publicacoes.uerj.br/index.php/rdc/article/view/27440. Acesso em: 18 jul. 2023.

RODOVALHO, Adriane Divina; BATISTA, Adnilson Neto Oliveira. O compromisso do condômino frente às despesas condominiais. *O patriarca*, Araguari: IMEPAC, 2014. Disponível em: http://siteantigo.imepac.edu.br/oPatriarca/v9/arquivos/artigos/ ADRIANE.pdf. Acesso em: 17 mar. 2023.

SANTOS, Hugo Flavio Forgerini; RIBEIRO, Stella Rico; LIMBERGER, Josemar Antonio. O transtorno de personalidade antissocial a luz da abordagem psicodinâmica. *Revista Eletrônica Interdisciplinar*, v. 12, n. 1, p. 077-093, 2020. Disponível em: http://revista.sear.com.br/rei/article/view/49. Acesso em: 17 mar. 2023.

SILVESTRE, Gilberto Fachetti; OLIVEIRA, Hadassa de Lima. Limitações ao condômino inadimplente ao uso das áreas e bens comuns do condomínio edilício. *Derecho y Cambio Social*, 2016. Disponível em: https://www.derechoycambiosocial.com/revista043/LIMITA%C3%87OES_AO_CONDOMINO_INADIMPLENTE.pdf. Acesso em: 17 mar. 2023.

TIRYAKI, Gisele Ferreira *et al.* Ciclos de crédito, inadimplência e as flutuações econômicas no Brasil. *Revista de Economia Contemporânea*, v. 21, 2017.

URBANO, João Vitor Silva. O aumento da inadimplência e a adoção da prisão domiciliar durante a pandemia do covid-19 para os devedores de alimentos. *Revista Jurídica Legalislux*, v. 3, n. 2, p. 30-42, 2021.

LIMITAÇÃO DA TAXA DE JUROS NOS CRÉDITOS CONDOMINIAIS

Haroldo Lourenço

Sócio-fundador do BLP Advogados, 18 anos de experiência como advogado em litígios cíveis e imobiliários de pequena, média e grande complexidade. Pós-doutor em Direito (UERJ). Doutor e Mestre em Direito Processual Civil (UNESA). Pós-graduado em Processo Constitucional (UERJ) e Processo Civil (UFF). Professor adjunto doutor na Universidade Federal do Rio Janeiro (UFRJ). Professor convidado da Fundação Getulio Vargas (FGV) e na Escola da Magistratura do Rio de Janeiro (EMERJ). Ex-diretor jurídico e atualmente Coordenador da ABAMI (Associação Brasileira de Advogados do Mercado Imobiliário). Membro da comissão de Direito Imobiliário do IAB (Instituto dos Advogados Brasileiros) e da OAB (Ordem dos Advogados do Brasil). Membro do Instituto Brasileiro de Direito Processual (IBDP), Academia Brasileira de Direito Processual Civil (ABDPC), do Instituto Carioca de Processo Civil (ICPC), da Instituto dos Advogados Brasileiros (IAB) e da Associação Brasileira de Advogados (ABA). Autor de diversos livros e artigos jurídicos.

Sumário: 1. Introdução – 2. Alguns institutos essenciais ao condomínio edilício – 3. Do dever do condômino de pagar as despesas do condomínio com juros e multa – 4. Posicionamento doutrinário sobre o ponto – 5. Do recorte jurisprudencial nacional e estadual – 6. Previsão "convencionada" ou prevista na "convenção", uma distinção necessária – 7. Conclusão – 8. Referências.

1. INTRODUÇÃO

A sociedade moderna busca cada vez mais a vida em condomínio, eis que proporciona sensação de segurança e comodidade, no entanto, conviver com vizinhos e todos os demais envolvidos na vida em condomínio pode não ser simples, além de muito desafiador, seja no aspecto fático, seja no jurídico.

O Direito Condominial, na sua função de regular as diversas relações ocorridas dentro da comunidade, deve respeitar os preceitos estampados em nossa Constituição Federal (CF/88), como o de construir uma sociedade condominial justa, livre e solidária (art. 3º, I), além de promover o bem de todos, sejam os condôminos, os colaboradores, ocupantes, entregadores de produtos e mercadorias, prestadores de serviços, entre vários outros, sem nenhuma forma de preconceitos de origem, raça, sexo, cor, idade, e quaisquer outras formas de discriminação (art. 3º, IV).

Condomínio é uma forma de propriedade conjunta ou copropriedade[1], onde *"duas ou mais pessoas têm os atributos[2] da propriedade ao mesmo tempo"*[3], sendo frequente a frase de que não existe condomínio de uma pessoa só.

Condomínio edilício é expressão utilizada no Código Civil (CC/02), sendo espécie do condomínio geral, para referir-se a condomínios verticais, ou a condomínios horizontais, conhecidos como condomínios residenciais.

O condomínio edilício, previsto no Código Civil (CC/02) dos artigos 1.331 ao 1.358, e o condomínio comum ou geral (previsto dos artigos 1.314 a 1.330 do CC/02), se diferenciam pelo fato de no primeiro haver partes comuns e exclusivas, ao passo que no segundo existem multiproprietários, onde todos detêm a propriedade em comum sem individualizações.

Desta forma, no condomínio edilício pode haver partes que são propriedade exclusiva, como apartamentos, escritórios, salas, lojas e sobrelojas (art. 1331 §1°, CC/02), e partes que são propriedade comum dos condôminos, como o solo, a estrutura do prédio, o telhado, a rede geral de distribuição de água, esgoto, gás e eletricidade, a calefação e refrigeração central e acesso ao logradouro público (art. 1331 § 2°, CC/02).

As partes que sejam propriedades exclusivas podem ser alienadas e gravadas livremente[4], diferentemente das partes que sejam propriedades comuns, que não podem ser alienados separadamente, ou divididos.

A cada unidade imobiliária caberá, como parte inseparável, uma fração ideal no solo e nas outras partes comuns, que será identificada em forma decimal ou ordinária no instrumento de instituição do condomínio.

2. ALGUNS INSTITUTOS ESSENCIAIS AO CONDOMÍNIO EDILÍCIO

A *instituição* do condomínio edilício se dará por ato entre vivos ou testamento, registrado no cartório do Registro de Imóveis, portanto um ato registral, sendo um condomínio voluntário portanto, que independe da construção de unidades autônomas ou áreas comuns, tampouco da convenção de condomínio ter sido criada ou aprovada.

---

1. STOLZE GAGLIANO, Pablo. PAMPLONA FILHO, Rodolfo. Novo Curso de Direito Civil. v. V, Ed. Saraiva, p. 424.
2. Não é demais lembrar os atributos da propriedade, nos termos do art. 1228, Código Civil: usar, gozar, dispor e reaver.
3. TARTUCE, Flávio. Manual de direito civil: volume único. 10 ed. Rio de Janeiro: Forense; São Paulo: Método, 2020, p. 974.
4. Há a exceção da vaga de garagem como propriedade exclusiva, que não poderão ser alienados ou alugados a pessoas estranhas ao condomínio, salvo autorização expressa na convenção de condomínio, como se observa da parte final do art. 1331, § 1° do Código Civil.

Já a *constituição* do condomínio, que é o seu regramento e normatização, dependerá, obrigatoriamente, da convenção e do regimento interno[5].

No que toca à administração de um condomínio, há o síndico e a assembleia e poderá haver o conselho, tendo a assembleia papel semelhante a um Poder Legislativo[6], pois criarão normas internas (art. 1333, 1351 e 1356, CC/02, respectivamente), além do papel semelhante ao do Judiciário, julgando a aplicação de multas, contas e destituição do síndico.

O síndico, com as competências previstas no art. 1348, CC/02, exerce a função semelhante de um chefe do Executivo, fazendo, por exemplo, cumprir a convenção, o regimento interno e as determinações da assembleia.

As semelhanças à estruturação do Estado não se encerram nesse ponto, pois da mesma forma que o Legislativo (pelo Senado Federal) pode julgar por crimes de responsabilidade o Chefe do Executivo (art. 52, I CF/88), a assembleia ("legislativo") poderá julgar o síndico ("chefe do executivo"), na forma do art. 1349, CC/02. O Conselho que tem função de dar pareceres às contas do síndico (art. 1356, CC/02), à semelhança de um Tribunal de Contas que emite pareceres sobre as contas do Chefe do Executivo (art. 71, CF/88).

A convenção tem como função a regulamentação interna das relações condominiais, constituindo um regramento base ou estatuto coletivo, segundo art. 1333, CC/02, ostentando força cogente apta a pautar comportamentos individuais para convivência social, gerando padrões mínimos de civilidade.

Apesar de inserir elementos contratuais, a convenção possui controvertida natureza jurídica, tendo para alguns natureza de contrato coletivo de natureza normativa[7], para outros natureza estatutária[8] e, ainda, ato-regra ou ato constitutivo[9].

Fato é que o CC/02 estabelece cláusulas que lhe são obrigatórias, havendo normas cogentes (imperativa absoluta) e dispositivas (imperativa relativa), onde essas últimas se subdividem em dispositivas permissivas e supletivas[10].

---

5. Ressalva-se a criação do condomínio por incorporação imobiliária, onde o incorporador é obrigado a arquivar no Registro de Imóveis os documentos descritos no art. 32 da Lei 4.591/64, dentre eles a futura convenção do condomínio (alínea "j"), portanto, a instituição e constituição se darão de maneira conjunta e imediata.

6. Essa e as próximas referências comparativas à estrutura do Estado foram auridas da didática obra de ARECHAVALA, Luis. *Condomínio edilício e suas instituições*. Rio de Janeiro: Lumen Juris, 2021, p. 59-62.

7. AVVAD, Pedro. *Condomínio em edificações no Novo Código Civil* – comentado. Ed. Renovar, 2. ed., p. 74.

8. BATISTA LOPES, João. CHAVES DE FARIAS, Cristiano. ROSENVALD, Nelson. *Direitos reais*. Ed. Lumen Juris, 7. ed., p. 581.

9. MARIO, Caio. *Condomínios e incorporações*. Atualização da obra por Sylvio Capanema & Melhim Chalhub, Ed. Forense, 13. ed., livro digital, p. 2319.

10. DINIZ, Maria Helena. *Compêndio de Introdução à Ciência do Direito*. 20. ed. São Paulo: Ed. Saraiva, 2009. p. 390.

Sendo cogente, chamada de norma de ordem pública, não haverá espaço para que o particular faça qualquer tipo de adaptação, ajuste ou integração, eis que tal norma visa proteger o interesse público ou, até mesmo, o interesse privado que a norma entendeu ser inegociável, não podendo a convenção regular de forma contrária.

Assim, não pode a convenção regular de forma contrária, retirando, por exemplo, o direito à voto nas deliberações por parte dos condôminos quite (art. 1335, III) ou a obrigatoriedade de seguro de incêndio de toda a edificação (art. 1346), típicas normas cogentes.

Já no que se refere a uma norma dispositiva o legislador deixa ao alvedrio das partes para adequar a situação fática conforme seu interesse, sendo a maioria dos dispositivos do Código Civil, justamente com o propósito de não se criar grande interferência estatal na vida dos particulares.

Entre as normas dispositivas, como mencionado, há permissivas e supletivas.

As primeiras aceitam um fazer ou não fazer, sem qualquer comando suplementar, como o direito do condômino de *"usar, fruir e livremente dispor de suas unidades"* (art. 1335, I) ou a que determina que *"Se o síndico não convocar a assembleia, um quarto dos condôminos poderá fazê-lo"* (art. 1350, § 1º).

As segundas deixam o condomínio se regulamentar, mas, caso não o faça, a norma já traz a regulamentação suplementar para que a questão não fique em aberto, ou seja, a norma supre a falta de manifestação das partes. Assim, por exemplo, o *"terraço de cobertura é parte comum, salvo disposição contrária da escritura de constituição do condomínio."* (art. 1331, § 5º) ou no dever do condômino de *"contribuir para as despesas do condomínio na proporção das suas frações ideais, salvo disposição em contrário na convenção;"* (art. 1336, I).

Cremos haver, ainda, em direito condominial normas híbridas, que são simultaneamente cogentes e dispositivas, como abordaremos adiante, principalmente com foco no art. 1336, § 1º, CC/02.

3. DO DEVER DO CONDÔMINO DE PAGAR AS DESPESAS DO CONDOMÍNIO COM JUROS E MULTA

Na linha de todo o acima exposto, finalmente chegamos a tema anunciado no título do presente artigo: a fixação e limites da cobrança de juros sobre as contribuições condominiais.

Dispõe o art. 1336 § 1º do CC/02 que o *"O condômino que não pagar a sua contribuição ficará sujeito aos juros moratórios convencionados ou, não sendo previstos, os de um por cento ao mês e multa de até dois por cento sobre o débito."*

Registre-se que tal dispositivo de 2002 revogou tacitamente o art. 12, § 3º da Lei 4.591/64[11], que previa juros moratórios de 1% e multa de até 20%, sem margem para liberalidade e disponibilidade por parte do condomínio.

Percebe-se, assim, que além de ser um dever do condômino de pagar a sua contribuição pontualmente, caso não o faça ficará sujeito a juros e multa. Nesse ponto a norma é cogente (imperativa absoluta), pois não pode ser afastada pela vontade dos condôminos. Por outro ângulo, a mesma norma permite aos condôminos convencionarem o percentual dos juros moratórios e, não sendo previsto, será de 1% ao mês, em clara norma dispositiva (imperativa relativa) e supletiva.

Não há, portanto, liberdade para não haver incidência de juros sobre o condômino inadimplente, havendo uma imperatividade absoluta, porém há margem para regulamentação do percentual dos juros, em tese sem limite de teto, diferentemente do limite de teto de até 2% que há para a multa.

Cremos, ser um exemplo, de norma que, simultaneamente, é cogente e dispositiva, portanto, híbrida.

Perceba-se que o caráter cogente na norma é mais notório ao regular a multa, eis que se uma convenção dispuser que a multa será de 5%, prevalecerá o Código Civil que impõe que seja de até 2%, porém sobrevive espaço para regulamentação ou uma margem legal de discricionariedade, pois será válida previsão convencional que previr multa de 1,5%, eis que dentro do "espaço de atuação" permitido pelo legislador.

Agora, como se pôde perceber, o legislador permitiu a convenção de juros moratórios, sem impor, ao menos expressamente, limites, gerando embate doutrinário e jurisprudencial.

4. POSICIONAMENTO DOUTRINÁRIO SOBRE O PONTO

Muitos doutrinadores são contra a possibilidade de juros acima de 1%, eis que a expressão *"juros moratórios convencionados"* deve ser lida em consonância e sistematicamente com o art. 406, CC/02, do contrário haveria odiosa prática abusiva e contrária à boa-fé objetiva[12].

Há, ainda, alguns que sustentam que a interpretação literal do art. 1336, § 1º, CC/02 poderia chancelar abuso na definição dos juros, não havendo autonomia de

---

11. § 3º O condômino que não pagar a sua contribuição no prazo fixado na Convenção fica sujeito ao juro moratório de 1% ao mês, e multa de até 20% sôbre o débito, que será atualizado, se o estipular a Convenção, com a aplicação dos índices de correção monetária levantados pelo Conselho Nacional de Economia, no caso da mora por período igual ou superior a seis meses.

12. BEZERRA DE MELLO, Marco Aurélio. *Código Civil comentado*: doutrina e jurisprudência. Ed. Forense, 5. ed., livro digital, p. 953.

vontade sem limite, uma aplicação descontextualizada da regra a casos em que em muito se afastem do referencial ordinário vigente, contrariando a razoabilidade, função social e, novamente, a boa-fé objetiva (art. 5º, XXIII CF/88 e art. 113, 187 e 422, CC/02)[13].

De igual modo, há o argumento de que se há limite para a multa, fomentando a adimplência, a purga da mora não pode ser inviabilizada por juros ilimitados, o que seria um contrassenso admitir juros acima do valor da multa[14].

A doutrina, como se pode perceber, caminha no sentido de uma linha conservadora, evitando fomentar a inadimplência condominial, facilitando a purga da mora, porém esse não tem sido o retrato jurisprudencial.

5. DO RECORTE JURISPRUDENCIAL NACIONAL E ESTADUAL

O Superior Tribunal de Justiça (STJ), por intermédio da ministra Nancy Andrighi[15], já afirmou que *"Após o advento do Código Civil de 2002, é possível fixar na convenção do condomínio juros moratórios acima de 1% (um por cento) ao mês em caso de inadimplemento das taxas condominiais"*.

Interessante que a discussão se iniciou nos idos de 2007, onde o Condomínio Jardim Botânico VI localizado em Brasília ajuizou ação de cobrança[16] dos créditos condominiais contra um condômino, referentes aos meses de abril a novembro de 2001, aplicando juros moratórios de acordo com a convenção do condomínio.

Em primeiro grau houve extinção sem resolução do mérito do processo, com fundamento de que o condomínio não estaria devidamente constituído, gerando recurso de apelação ao Tribunal de Justiça do Distrito Federal e dos Territórios (TJDFT) que reformou a sentença, afirmando que *"Os condomínios, ainda que em situação irregular perante a administração pública, possuem legitimidade ativa para ajuizar ação de cobrança em face dos condôminos em atraso com o pagamento das mensalidades aprovadas em assembleia"*.

Na sequência, outros recursos foram interpostos por ambas as partes, tendo a decisão final do TJDFT determinado que: *"Aplicam-se os juros e as multas previstos na convenção condominial até a data da entrada em vigor do novo Código Civil (12/01/2003). A partir daí, as taxas condominiais ficam sujeitas aos juros de 1% e*

---

13. BARROSO DA COSTA, Domingos. *Dos juros moratórios aplicáveis aos débitos condominiais*: o céu é o limite? Disponível em https://www.conjur.com.br/2020-nov-17/costa-juros-moratorios-aplicaveis--debitos-condominiais, acessado em 01.07.2023.
14. RIZZARDO, Arnaldo. *Condomínio edilício e incorporação imobiliária*. Ed. Forense, 8. ed, p. 168.
15. STJ, 3ª T., REsp 1.002.525/DF, rel. Min. Nancy Andrighi, DJe de 22.9.2010.
16. Ressalta-se que, nessa época, o crédito de condomínio não era expressamente um título executivo extrajudicial, como atualmente previsto no art. 784, X do Código de Processo Civil de 2015.

à multa de 2% ao mês, de acordo com o artigo 1.336 desse diploma legal", gerando novo capítulo dessa história.

Insatisfeito com o entendimento, o condomínio interpôs recurso especial ao STJ alegando violação ao art. 1.336, § 1º, CC/02, argumentando que *"Os juros convencionados são os juros que pertencem à regra, e os juros de 1% à exceção, sendo estes aplicados apenas na falta daqueles"*.

E, no julgamento do mencionado recurso, a relatora ministra Nancy Andrighi afirmou que a tese apresentada pelo condomínio é legítima, pois, segundo informações contidas nos autos, a convenção acordada pela assembleia do Jardim Botânico VI estabeleceu a incidência de juros moratórios de 0,3% ao dia, após o trigésimo dia de vencimento, e multa de 2%, em caso de inadimplemento das taxas condominiais.

Na integra do voto é possível colher alguns argumentos robustos e interessantes, os quais serão expostos a seguir.

Por ocasião da Lei 10.931/04, que alterou, entre outros, o inciso I do art. 1.336 do CC/02, houve também proposta de alteração do § 1º, o que, contudo, não ocorreu em razão do veto presidencial.

A proposição buscava manter a redação referente aos juros moratórios e dar novos contornos à multa, que passaria a ser progressiva e diária *"à taxa de 0,33% (trinta e três centésimos por cento) por dia de atraso, até o limite estipulado pela Convenção do Condomínio, não podendo ser superior a dez por cento"*.

As razões do veto presidencial à referida proposta ressaltam a possibilidade de cobrança dos juros moratórios acima de 1% ao mês, nos seguintes termos:

> O novo Código Civil estabeleceu o teto de dois por cento para as multas condominiais, adequando-as ao já usual em relações de direito privado.
>
> A opção do Código Civil de 2002, diploma legal profundamente discutido no Congresso Nacional, parece-nos a mais acertada, pois as obrigações condominiais devem seguir o padrão das obrigações de direito privado. Não há razão para apenar com multa elevada condômino que atrasou o pagamento durante poucas semanas devido à dificuldade financeira momentânea.
>
> Ademais, observe-se que **o condomínio já tem, na redação em vigor, a opção de aumentar o valor dos juros moratórios como mecanismo de combate a eventual inadimplência causada por má-fé. E neste ponto reside outro problema da alteração: aumenta-se o teto da multa ao mesmo tempo em que se mantém a possibilidade de o condomínio inflar livremente o valor dos juros de mora, abrindo-se as portas para excessos.**
>
> Por fim, o dispositivo adota fórmula de cálculo da multa excessivamente complexa para condomínios que tenham contabilidade e métodos de cobrança mais precários, o que poderá acarretar tumulto na aplicação rotineira da norma, eliminando pretensas vantagens. (Mensagem 461/2004, DOU 03/08/2.004 – sem destaques no original).

Assim, o posicionamento do STJ convergiu para a interpretação literal do art. 1.336, § 1º CC/02, que limita os juros moratórios ao patamar de 1% ao mês apenas quando a convenção do condomínio for omissa nesse ponto, justamente por ser norma permissiva supletiva.

Desde então esse tem sido o posicionamento do Superior Tribunal de Justiça:

Agravo interno nos embargos de declaração no recurso especial. Ação de cobrança. Débitos de taxa de condomínio. Juros de mora em patamar superior a 1% ao mês. Possibilidade de fixação em norma condominial.

1. **Segundo entendimento das duas Turmas que compõem a Segunda Seção, após a vigência do art. 1.336, § 1º, do CC/2002, é possível à norma condominial a fixação de juros moratórios acima de 1% ao mês, em caso de inadimplemento da taxa mensal a que todo condômino está obrigado.**

2. Agravo interno desprovido.

(AgInt nos EDcl no REsp 1.962.688/DF, relator Ministro Marco Aurélio Bellizze, Terceira Turma, julgado em 21/2/2022, DJe de 23/2/2022.) Sem grifos no original.

Agravo interno no agravo em recurso especial. Condomínio. Embargos à execução. 1. Redução dos juros moratórios previstos pela convenção condominial mediante a aplicação da lei de usura. Impossibilidade. Precedentes. 2. Alegação de violação a dispositivos e princípios constitucionais. Inadequação da via eleita. 3. Agravo improvido.

1. **De fato, após a vigência do art. 1.336, § 1º, do CC/2002, é possível à convenção de condomínio a fixação de juros moratórios acima de 1% ao mês, em caso de inadimplemento das obrigações condominiais, sendo impossível a redução de tais juros com base na Lei de Usura, regulatória dos contratos de mútuo e inaplicável à convenção que possui a natureza de estatuto normativo ou institucional, e não de contrato. Precedentes.**

2. É inviável a apreciação de ofensa a dispositivos ou de princípios constitucionais, sob pena de usurpação da competência atribuída ao Supremo Tribunal Federal, nos termos do art. 102 da Constituição Federal.

3. Agravo interno a que se nega provimento.

(AgInt no AREsp 1.903.448/DF, rel. Min. Marco Aurélio Bellizze, 3ª Turma, julgado em 16/11/2021, DJe de 19/11/2021.) Sem grifos no original.

Agravo interno. Recurso especial. Ação de cobrança. Taxas condominiais. Inadimplemento. Convenção do condomínio. Juros moratórios. Fixação acima de 1% ao mês. Possibilidade. Conflito entre as regras adotadas em assembleia ordinária em face do que dispõe a convenção do condomínio. Pretensão declaratória de nulidade. Não cabimento. Preclusão. Fixação efetiva do percentual na convenção. Reexame de matéria fática. Súmula 7/STJ.

1. **Conforme estabelece a jurisprudência do STJ, "Após o advento do Código Civil de 2002, é possível fixar na convenção do condomínio juros moratórios acima de 1% (um por cento) ao mês em caso de inadimplemento das taxas condominiais"** (Terceira Turma, REsp 1.002.525/DF, Rel. Ministra Nancy Andrighi, DJe de 22.9.2010).

2. Decidido pelo acórdão estadual que o percentual dos juros de mora foi estabelecido na convenção de condomínio e que em ação de cobrança proposta pela entidade condominial não é possível discutir a nulidade dessa estipulação, ocorre a preclusão da matéria em prejuízo da agravante, que não interpôs recurso especial.

3. Inviável o recurso especial cuja análise impõe reexame do contexto fático-probatório da lide (Súmula 7 do STJ).

4. Agravo interno a que se nega provimento.

(AgInt nos EDcl no REsp 1.734.133/MG, rel. Min. Maria Isabel Gallotti, 4ª Turma, julgado em 28/9/2020, DJe de 1/10/2020.) Sem grifos no original.

Não obstante o entendimento firmado no âmbito do STJ, encontramos pequenas divergências, tendo sido realizado um cotejo entre os julgados do Rio de Janeiro, São Paulo, Minas Gerais e Distrito Federal, como será possível se observar adiante.

O Tribunal de Justiça do Estado do Rio de Janeiro tem seguido a linha do STJ, vejamos:

Apelação cível. Ação de cobrança de cotas condominiais. Sentença de parcial procedência. Insurgência do condomínio. **Pretensão de incidência dos juros previstos na convenção. Cabimento. É válida a aplicação de juros em percentual superior a 1% a.m., desde que haja previsão expressa na convenção condominial. Inteligência do art. 1336, § 1º, CC.** Sucumbência recíproca afastada. Réus que devem arcar com o integral pagamento das despesas processuais e com os honorários da parte contrária, observada a gratuidade de justiça que lhes foi concedida. Honorários advocatícios adequadamente arbitrados pelo juízo a quo, em prestígio aos critérios do art. 85, §2º, CPC, não se justificando a sua majoração. Recurso parcialmente provido.

(TJ/RJ, 0037151-62.2018.8.19.0002 – Apelação. Des(a). Mônica Feldman de Mattos – Julgamento: 19/05/2022 – Vigésima Primeira Câmara Cível) sem grifos no original.

Já no Tribunal de Justiça do Estado de São Paulo é possível encontrar uma pequena divergência:

Apelação. Cobrança de taxas condominiais. Sentença de procedência. Insurgência do autor. Pretensão de cobrança de juros de mora de 10% ao mês, estabelecido em convenção condominial. **Descabimento. Desproporcionalidade e onerosidade excessiva. Convenção Condominial que estabelece juros de mora de 10% ao mês contraria a prática de mercado e caracteriza onerosidade excessiva. Juros de mora que possui natureza indenizatória, não remuneratória. Taxa de juros moratórios estipulada na convenção condominial que, inclusive, é superior aos juros remuneratórios cobrados por diversas instituições financeiras, o que demonstra o desvirtuamento da natureza indenizatória dos juros de mora no caso concreto. Condomínio que, não sendo instituição financeira, deve respeitar a limitação imposta pelos arts. 1º e 5º do Decreto 22.626/1933 (Lei da Usura). Aplicabilidade do art. 406 do Código Civil e art. 161 do CTN.** Sentença mantida. Recurso desprovido.

(TJSP; Apelação Cível 1010850-09.2022.8.26.0590; Relator (a): Rômolo Russo; Órgão Julgador: 34ª Câmara de Direito Privado; Foro de São Vicente – 1ª Vara Cível; Data do Julgamento: 29/05/2023; Data de Registro: 29/05/2023) Sem grifos no original.

Condomínio Edilício. Despesas condominiais. Cumprimento de sentença. Transação. **Juros moratórios limitados à taxa prevista na convenção de condomínio ou, no silêncio dela, ao teto de 1% ao mês. Cláusula penal moratória limitada ao teto de 2%. Inteligência do art. 1.336, § 1º, do CC. Norma cogente, de ordem pública. Jurisprudência do STJ.** Decisão mantida. Recurso não provido.

(TJSP; Agravo de Instrumento 2016752-13.2023.8.26.0000; Relator (a): Gilson Delgado Miranda; Órgão Julgador: 35ª Câmara de Direito Privado; Foro Regional IV – Lapa – 3ª Vara Cível; Data do Julgamento: 05/05/2023; Data de Registro: 05/05/2023) Sem grifos no original.

Já no Tribunal de Justiça de Minas Gerais os precedentes seguem a linha definida pelo STJ:

Ementa: agravo de instrumento. Ação de execução. Exceção de pré-executividade. Juros de mora fixados em convenção de condomínio. Abusividade não demonstrada. Recurso provido. 1. **Consoante precedentes do STJ, de acordo com o artigo 1.336, § 1º do Código Civil, "é possível fixar na convenção do condomínio juros moratórios acima de 1% (um por cento) ao mês em caso de inadimplemento das taxas condominiais", razão pela qual não há que se falar em abusividade da cobrança de percentual superior a 1% ao mês.** 2. Recurso provido. (TJMG – Agravo de Instrumento-Cv 1.0000.23.094192-4/001, Relator(a): Des.(a) Marcos Lincoln, 11ª Câmara Cível, julgamento em 07/06/2023, publicação da súmula em 12/06/2023) Sem grifos no original.

Ementa: Apelação Cível – Embargos À Execução – Taxas Condominiais – Prescrição – Interrupção – Juros Moratórios – Estipulação Em Convenção De Condomínio – Abusividade Não Demonstrada – Honorários Advocatícios – Fixação – Parâmetros. 1. "Na execução, o despacho que ordena a citação, desde que realizada em observância ao disposto no § 2º do art. 240, interrompe a prescrição, ainda que proferido por juízo incompetente. Parágrafo único. A interrupção da prescrição retroagirá à data de propositura da ação" (artigo 802 do Código de Processo Civil). 2. **Conforme precedentes do STJ e de acordo com o artigo 1.336, § 1º, do Código Civil, "é possível fixar na convenção do condomínio juros moratórios acima de 1% (um por cento) ao mês em caso de inadimplemento das taxas condominiais", razão pela qual não há que se falar em limitação nos termos da Lei de Usura e tampouco em abusividade da cobrança de percentual superior a 1% ao mês.** 3. Em ação condenatória, os honorários advocatícios, decorrentes da sucumbência, devem ser arbitrados entre o mínimo de dez por cento (10%) e o máximo de vinte por cento (20%) sobre o valor da condenação, atendidos o grau de zelo do profissional, o lugar de prestação do serviço, a natureza e importância da causa, o trabalho realizado pelo advogado e o tempo exigido para o seu serviço. (TJMG – Apelação Cível 1.0000.22.129236-0/001, rel. Des. Maurílio Gabriel, 15ª Câmara Cível, julgamento em 14/04/2023, publicação da súmula em 17/04/2023) Sem grifos no original.

O Tribunal de Justiça do Distrito Federal e Territórios segue o STJ:

Apelação Cível – Ação de Cobrança – Condomínio – Juros Moratórios de 1% ao mês – Multa de 2% sobre o valor do débito – Termo inicial do vencimento de cada débito. Convenção do condomínio – art. 1.336 § 1º do Código Civil – Valor da condenação. 1. O Código Civil confere aos condôminos o poder de estabelecer normas próprias ao melhor interesse da maioria. Assim, a convenção condominial é a lei interna, tornando-se obrigatória para os titulares de direito sobre as unidades habitacionais. 2. **O percentual de juros de mora, bem como da multa, deve respeitar o estabelecido na Convenção do Condomínio, nos termos do artigo 1336, § 1º, do Código Civil Brasileiro.** 3. Necessário que seja considerado a título de condenação o valor das parcelas inadimplidas até a data da propositura da ação, acrescido dos encargos moratórios estabelecidos na convenção de condomínio, bem como das parcelas vencidas e não pagas no curso da lide. 4. Recurso conhecido e provido.

(Acórdão 1677503, 07087986120198070004, rel. Carlos Pires Soares Neto, 1ª Turma Cível, data de julgamento: 15/03/2023, publicado no DJE: 31/03/2023. Sem Página Cadastrada.) Sem grifos no original

Apelação cível. Civil. Processual civil. Abusividade dos juros de mora fixados na convenção de condomínio. Recurso desprovido. 1. A hipótese central versada no presente recurso consiste na pretensa abusividade dos juros de mora fixados na Convenção de Condomínio em relação aos encargos vencidos e não pagos pelo condômino. 2. **As convenções de condomínio podem estabelecer as normas internas que regem as relações jurídicas relacionadas aos condôminos, inclusive, por certo, as que se referem às obrigações constituídas em favor do próprio condomínio.** 2.1. Os juros de mora fixados no valor correspondente a 10% (dez por cento) do montante devido ao mês violam os vetores axiológicos da proporcionalidade e da boa-fé objetiva e configuram abuso de direito, nos termos do art. 187 do Código Civil. 3. Recurso interposto conhecido e desprovido. (Acórdão 1667636, 07183745920218070020, rel. Alvaro Ciarlini, 2ª Turma Cível, data de julgamento: 15/2/2023, publicado no DJE: 8/3/2023. Sem Página Cadastrada.) Sem grifos no original.

6. PREVISÃO "CONVENCIONADA" OU PREVISTA NA "CONVENÇÃO", UMA DISTINÇÃO NECESSÁRIA

Um ponto observado ao longo dessa pesquisa, não localizado no debate doutrinário, tampouco jurisprudencial, é se a convenção sobre juros deveria estar na convenção ou bastaria a aprovação em assembleia, com o quórum de maioria simples, eis que não se exigiria o quórum especial para alteração de convenção.

Afirma a jurisprudência de maneira rasa e sem maiores considerações que a estipulação sobre juros moratórios deve estar sempre na convenção do condomínio, o que não parece adequado.

Observemos a redação legal com destaques necessários:

Art. 1.336. São deveres do condômino:

I – contribuir para as despesas do condomínio na proporção das suas frações ideais, **salvo disposição em contrário na convenção**; (Redação dada pela Lei 10.931, de 2004)

II – não realizar obras que comprometam a segurança da edificação;

III – não alterar a forma e a cor da fachada, das partes e esquadrias externas;

IV – dar às suas partes a mesma destinação que tem a edificação, e não as utilizar de maneira prejudicial ao sossego, salubridade e segurança dos possuidores, ou aos bons costumes.

§1º O condômino que não pagar a sua contribuição ficará sujeito aos **juros moratórios convencionados** ou, não sendo previstos, os de um por cento ao mês e multa de até dois por cento sobre o débito.

Se cotejarmos o art. 1336, I com o seu § 1º observaremos que há uma pequena diferença redacional e, fazendo uma interpretação bem literal dos dispositivos, percebemos que o inciso I exige previsão na *convenção do condomínio*, enquanto o § 1º exige somente que seja *convencionado*.

Assim, por exemplo, se um condomínio quiser cobrar suas contribuições por fórmula que não seja com base na proporção das fracções ideais dependerá de aprovação na convenção do condomínio[17], ou seja, observando o quórum de 2/3 dos condôminos previsto no art. 1351, CC/02, em interpretação do art. 1336, I c/c art. 1351, CC/02.

Por seu turno, o § 1º do art. 1336 exige que os juros moratórios sejam somente "convencionados", não exigindo previsão em convenção de condomínio, facilitando sua aprovação e/ou modificação, eis que bastará sua aprovação em assembleia sem o quórum especial de 2/3 para alteração de uma convenção de condomínio.

Frise-se, ainda, que juros moratórios não é matéria exigida por lei de ser tratada na convenção, como pode se observar do art. 1332 e 1334, CC/02.

Os arts. 1352 c/c 1353, CC/02 exigem que na primeira convocação da assembleia a deliberação sobre juros moratórios deverá ser com quórum de "*maioria de votos dos condôminos presentes que representem pelo menos metade das frações ideais.*", porém, já na segunda convocação, será possível deliberação "*por maioria dos votos dos presentes*".

Tal interpretação nos parece alinhada com a natureza do tema, eis que a situação econômica brasileira não é estável[18], sendo importante que, rapidamente, a comunidade condominial consiga deliberar sobre a cobrança de juros que reflitam a situação econômica do país do momento.

7. CONCLUSÃO

Diante de tudo o quanto exposto, se os juros moratórios não forem convencionados pelos condôminos em assembleia – não necessariamente na convenção do condomínio -, se submeterão a 1% ao mês, importando reconhecer que a cada mês são calculados, devendo acrescer ao capital, isto é, ao débito pendente.

Portanto, em decorrência, no mês seguinte a taxa incidirá sobre a dívida, que é o débito com os juros do mês anterior, importando em capitalização autorizada por lei.

De igual modo, caso a comunidade condominial se sinta insatisfeita com o percentual de juros, poderá em assembleia, sem exigência de quórum especial, definir outro percentual que, pela nossa ótica, deveria observar o art. 406, CC/02, o qual afirma que "*Quando os juros moratórios não forem convencionados, ou o forem sem taxa estipulada, ou quando provierem de determinação da lei, serão*

---

17. Sobre essa possibilidade de cobrança que não seja na proporção da fração ideal depender de previsão em assembleia: TARTUCE, Flávio. *Manual de direito civil*: volume único. 10. ed. Rio de Janeiro: Forense; São Paulo: Método, 2020, p. 990.

18. Não é demais lembrar os impactos econômicos no mercado imobiliário gerados pelo descolamento que tivemos no IGP-M (Índice Geral de Preço – Mercado) na pandemia da Covid-19, bem como as variações da SELIC, utilizada como taxa básica de juros da economia.

fixados segundo a taxa que estiver em vigor para a mora do pagamento de impostos devidos à Fazenda Nacional."

Por conseguinte, adotar-se-ia a taxa estabelecida para mora no pagamento de tributos que, por imposição do art. 161, § 1º do CTN – Código Tributário Nacional, é de 1% ao mês, se não tiver taxa diferente em outra lei.

Existem leis, em especial a do Imposto de Renda, onde se estabelece a taxa segundo a SELIC – Sistema Especial de Liquidação e Custódia para títulos federais, aplicada a tributos e contribuições pelo art. 13 da Lei 9.065/95 e art. 16 da Lei 9.250/95.

Ocorre, contudo, que na prática, os condomínios preveem em suas convenções condominiais juros moratórios superiores 1% ao mês, havendo caso, inclusive, de fixação de 10% ao mês, o que nos parece um exagero, bem como o fazem por um quórum qualificado de 2/3 dos condôminos, o que nos parece desnecessário, todavia tal entendimento tem sido autorizado pela jurisprudência do Superior Tribunal de Justiça e em diversos tribunais do país.

8. REFERÊNCIAS

ARECHAVALA, Luis. *Condomínio edilício e suas instituições.* Rio de Janeiro: Lumen Juris, 2021.

AVVAD, Pedro. *Condomínio em edificações no Novo Código Civil* – comentado. 2. ed. Rio de Janeiro: Ed. Renovar, 2007.

BARROSO DA COSTA, Domingos. *Dos juros moratórios aplicáveis aos débitos condominiais:* o céu é o limite? Disponível em https://www.conjur.com.br/2020-nov-17/costa-juros-moratorios-aplicaveis-debitos-condominiais.

BEZERRA DE MELLO, Marco Aurélio. *Código Civil comentado:* doutrina e jurisprudência. Ed. Forense, 5. ed., livro digital.

BRASIL. *Lei 10.406, de 10 de janeiro de 2002. Institui o Código Civil.* Disponível em: https://www.planalto.gov.br/ccivil_03/leis/2002/l10406compilada.htm.

DINIZ, Maria Helena. *Compêndio de Introdução à Ciência do Direito.* 20. ed. São Paulo: Ed. Saraiva, 2009.

RIZZARDO, Arnaldo. *Condomínio edilício e incorporação imobiliária.* 8. ed. Rio de Janeiro: Ed. Forense, 2021.

STOLZE GAGLIANO, Pablo. PAMPLONA FILHO, Rodolfo. *Novo Curso de Direito Civil.* Ed. Saraiva, v. V.

TARTUCE, Flávio. *Manual de direito civil:* volume único. 10. ed. Rio de Janeiro: Forense; São Paulo: Método, 2020.

LEGITIMIDADE PARA RESPONDER PELOS DÉBITOS CONDOMINIAIS

Ioná Cytrynbaum Sender

Especialista em Direito Imobiliário. Graduada em direito pela PUC-Rio. Pós-graduada em Direito Privado pela UCAM e em Direito Imobiliário pela ABADI (AVM/UCAM). Membro da Comissão de Direito Condominial da ABA/RJ. Advogada do escritório Arechavala Advogados.

O presente artigo tem o objetivo de identificar o sujeito passivo para responder pelos débitos condominiais para possibilitar a recuperação do crédito pelo condomínio, trazendo a evolução jurisprudencial sobre o tema, o atual posicionamento do Superior Tribunal de Justiça e o entendimento da doutrina.

As cotas condominiais são essenciais para a manutenção dos bens comuns e para o custeio de todas as despesas e serviços necessários ao funcionamento do condomínio. A insegurança quanto à definição da parte que deve figurar no polo passivo da obrigação pode implicar em prejuízos de ordem processual, organizacional e material para o condomínio.

Assim, identificar corretamente a parte legitimada para responder pelos débitos condominiais é de suma importância para que se obtenha êxito na recuperação do crédito e para evitar eventual extinção do processo – seja ação de cobrança, monitória ou execução – por ilegitimidade passiva (art. 485, VI do CPC).

Para determinar quem possui legitimidade para responder pelos débitos condominiais, precisamos, de início, abordar a natureza desta obrigação – cujo tema será aprofundado em capítulo próprio.

De início, cabe esclarecer que a dívida de cota condominial advém do direito de propriedade da unidade autônoma, gerando uma obrigação de natureza *propter rem*. É uma obrigação que se origina a partir de um direito real, recaindo sobre o próprio imóvel, de forma que o devedor é o titular desse direito. Desta forma, a responsabilidade pelo adimplemento desta verba é verificada através da identificação do titular deste direito real.

Nesse aspecto, o artigo 1.227 do Código Civil dispõe que *"os direitos reais sobre imóveis constituídos, ou transmitidos por atos entre vivos, só se adquirem com o registro no Cartório de Registro de Imóveis dos referidos títulos (arts. 1.245 a 1.247), salvo os casos expressos neste Código."* E, o artigo 1.245, do mesmo diploma legal, por sua vez, determina que a transferência da propriedade entre vivos se opera mediante o registro do título translativo no Registro de Imóveis e que enquanto não se registrar o título translativo, o alienante continua a ser havido como dono do imóvel.

Assim, considerando a natureza *propter rem* da obrigação e os artigos 1.227 e 1.245 do Código Civil, conclui-se, a priori, que aquele que constar como proprietário registral, isto é, na matrícula do imóvel (RGI), é o titular do direito real e, portanto, em regra, o legitimado para responder pelos débitos condominiais.

No entanto, em que pese os princípios da publicidade e obrigatoriedade que norteiam os registros públicos, nem todos os negócios jurídicos são efetivamente levados a registro, de modo que a informação sobre o real legitimado para responder pelo débito condominial pode não constar na matrícula do bem.

Assim, não estando a matrícula atualizada, como identificar a pessoa que deve figurar o polo passivo para responder pelos débitos condominiais e satisfazer o crédito, de modo a recompor o caixa do condomínio?

Na seara do condomínio edilício, o artigo 1.334, § 2º do Código Civil equipara os promitentes compradores e os cessionários de direitos relativos às unidades autônomas aos proprietários, salvo disposição em contrário. E, o artigo 1.345 da referida lei prevê que "*o adquirente de unidade responde pelos débitos do alienante, em relação ao condomínio, inclusive multas e juros moratórios*".

Destarte, na seara condominial, em razão da sua natureza *propter rem*, se extrai o caráter ambulatorial da obrigação pelo pagamento da contribuição das despesas condominiais. Ainda que haja a transferência da titularidade, a obrigação é igualmente transmitida e acompanha a coisa em todas as suas transferências, respondendo o novo adquirente com todo o seu patrimônio e não exclusivamente com o bem que origina a obrigação.

A respeito do aspecto ambulatorial dessa obrigação, o doutrinador Ricardo Pereira Lira ensina:

"Não será preciso lembrar que existem obrigações que não resultam de uma avença entre pessoas, podendo o vínculo decorrer do fato de ser alguém titular de direito real. O titular desse direito real pode mudar, mas a obrigação acompanha a coisa. A titularidade do direito real define o sujeito passivo da obrigação. Por força dessa razão, esse tipo de obrigação se denomina ambulatória, propter rem, ou também obrigação real".[1]

Na mesma linha, se posiciona a Ministra do Superior Tribunal de Justiça Nancy Andrighi no julgamento do AgInt no REsp 1.851.742/PR, em 29/6/2020:

---

1. LIRA, Ricardo Pereira. *Elementos de direito urbanístico*. Rio de janeiro: Renovar, 1997, p.189.

"[...] a obrigação dos condôminos de contribuir para a conservação da coisa comum é dotada de ambulatoriedade, extraída do art. 1.345 do Código Civil de 2002, segundo o qual 'o adquirente de unidade responde pelos débitos do alienante, em relação ao condomínio, inclusive multa e juros moratórios'.

Conforme se depreende desse dispositivo legal, a transmissão da obrigação ocorre automaticamente, isto é, ainda que não seja essa a intenção do alienante e mesmo que o adquirente não queira assumi-la. [...]

O sentido dessa norma [...] é intuitivo: fazer prevalecer o interesse da coletividade dos condôminos, permitindo que o condomínio receba, a despeito da transferência de titularidade do direito real sobre o imóvel, as despesas indispensáveis e inadiáveis à manutenção da coisa comum, impondo ao adquirente, para tanto, a responsabilidade, inclusive pelas cotas condominiais vencidas em período anterior à aquisição".[2]

Quanto à fase executória e de constrição e penhora do bem e considerando o aspecto ambulatorial da obrigação, o e. Superior Tribunal de Justiça se posiciona no sentido ser dispensável a participação do novo proprietário na fase de conhecimento, sendo possível a penhora do imóvel mesmo que o adquirente não tenha figurado no polo passivo da ação de cobrança, *verbis:*

"[...] no plano processual, partindo-se da premissa de que o próprio imóvel gerador das despesas constitui garantia ao pagamento da dívida em execução, o novo proprietário do imóvel que deu origem ao débito condominial em execução, pode ter este bem penhorado no bojo da ação de cobrança, já em fase de cumprimento de sentença, mesmo que não tenha figurado no polo passivo da cobrança." (REsp 1.829.663; Proc. 2016/0174058-5; SP; Terceira Turma; Rel. Min. Nancy Andrighi; Julg. 05/11/2019; DJE 07/11/2019)

"[...] na hipótese em julgamento, a conclusão que se alcança é que, sendo a agravante responsável pelo pagamento das despesas condominiais pela aquisição da propriedade do imóvel, não há necessidade de o CONDOMÍNIO promover nova ação contra ela, na medida em que a sentença prolatada na fase de conhecimento lhe é eficaz". (AgInt no REsp 1.851.742/PR, rel. Min. Nancy Andrighi, Terceira Turma, julgado em 29/6/2020, DJe de 1/7/2020.)

Nesse contexto, na hipótese de o condomínio ter ajuizado a ação principal de cobrança em face dos compromissários vendedores do imóvel, o imóvel garante o débito ainda que, posteriormente, no curso da ação, tenha sido alterada a propriedade, não existindo qualquer ilegalidade, uma vez que o imóvel faz frente à dívida.

---

2. AgInt no REsp 1.851.742/PR, rel. Min. Nancy Andrighi, 3ª Turma, julgado em 29/06/2020, DJe de 01/07/2020.

Dirimindo controvérsias doutrinárias e jurisprudenciais acerca da definição de quem possui a responsabilidade pelo pagamento das obrigações condominiais, a 2ª Seção do Superior Tribunal de Justiça, em julgamento de recurso repetitivo do REsp 1.345.331/RS[3], de relatoria do Ministro Luis Felipe Salomão, em 08/04/2015, firmou as seguintes teses:

"(...) 1. Para efeitos do art. 543-C do CPC, firmam-se as seguintes teses:

a) O que define a responsabilidade pelo pagamento das obrigações condominiais não é o registro do compromisso de compra e venda, mas a relação jurídica material com o imóvel, representada pela imissão na posse pelo promissário comprador e pela ciência inequívoca do condomínio acerca da transação.

b) Havendo compromisso de compra e venda não levado a registro, a responsabilidade pelas despesas de condomínio pode recair tanto sobre o promitente vendedor quanto sobre o promissário comprador, dependendo das circunstâncias de cada caso concreto.

c) Se ficar comprovado: (i) que o promissário comprador se imitira na posse; e (ii) o condomínio teve ciência inequívoca da transação, afasta-se a legitimidade passiva do promitente vendedor para responder por despesas condominiais relativas a período em que a posse foi exercida pelo promissário comprador. (...)."

Percebe-se que, no corpo de seu voto, ressaltou o Min. Luis Felipe Salomão que "as despesas condominiais, compreendidas como obrigações *propter rem*, são de responsabilidade daquele que detém a qualidade de proprietário da unidade imobiliária, ou ainda pelo titular de um dos aspectos da propriedade, tais como a posse, o gozo, a fruição, desde que esse tenha estabelecido relação jurídica direta com o condomínio"[4].

Nessa mesma linha, a 4ª Turma do STJ, quando do julgamento do REsp 1.229.639/PR[5], em 2016, ao interpretar o retro citado precedente repetitivo da 2ª Seção, consignou que o Min. Relator Luis Felipe Salomão, com o intuito de fazer prevalecer o interesse da massa condominial, a fim de resgatar o crédito de maneira mais célere, teria reconhecido a faculdade do condomínio de propor a ação judicial contra aquele dentre os quais possuam liame jurídico com a unidade habitacional, sendo ele o proprietário, promissário comprador, adquirente, arrematante, ocupante do imóvel etc.

Tal entendimento de que o legitimado passivo não precisa ser o proprietário registral, mas sim aquele que possui relação jurídica material com o imóvel, vai de encontro ao raciocínio do doutrinador Cristiano Rosenvald Chaves de Farias:

---

3. REsp 1.345.331/RS, rel. Min. Luis Felipe Salomão, 2ª Seção, julgado em 8/4/2015, DJe de 20/4/2015.
4. REsp 1.345.331/RS, rel. Min. Luis Felipe Salomão, 2ª Seção, julgado em 08/04/2015, DJe de 20/04/2015 – trecho do voto.
5. AgInt no REsp 1.229.639/PR, 4ª Turma, DJe 20/10/2016.

"O interesse prevalecente é o da coletividade de receber os recursos para o pagamento de despesas indispensáveis e inadiáveis, podendo o credor escolher o que mais prontamente poderá cumprir com a obrigação, ficando ressalvado ao adquirente o direito de interpor ação regressiva em face do alienante, a fim de reaver tais valores, sob pena de enriquecimento sem causa por parte deste"[6].

Quanto ao limite de responsabilidade, há de se ressaltar que, em que pese o imóvel em si poder ser utilizado para pagamento do débito, "o proprietário do imóvel responde pelos débitos condominiais com todo o seu patrimônio, não somente com o imóvel, pois a obrigação *propter rem* não se confunde com os direitos reais de garantia."[7]

Nesta lógica, ensina Luís Arechavala que "como consequência, caso a dívida seja superior ao valor da coisa da qual se origina, o credor pode buscar seu recebimento penhorando outros bens no patrimônio do devedor (titular do direito) – justamente por se tratar de uma responsabilidade pessoal."[8]

Em caso de dívida condominial de propriedade fiduciária (quando a compra do imóvel ocorre através de financiamento e tem como garantia o próprio imóvel como alienação fiduciária, de modo que nem o credor e nem o devedor tem a propriedade plena), importante salientar que o credor fiduciário deve ser intimado caso o condomínio opte pelo ajuizamento de ação de execução de título extrajudicial (art. 799, I, CPC).

Na hipótese específica da propriedade não ter sido consolidada pelo credor fiduciário, isto é, situação em que o devedor condominial está adimplente com o credor fiduciário, mas inadimplente com o condomínio, a legitimidade passiva na ação judicial será do devedor fiduciante, e não do credor fiduciário, na forma do art. 27, § 8º, Lei 9.514/97. E, – chama-se atenção, em especial quanto a pedido formulado –, nessa hipótese específica, a penhora não recairá sobre o imóvel, devendo a constrição atingir os direitos decorrentes do contrato de alienação fiduciária (art. 835, VII, CPC). O STJ possui precedentes nesse sentido:

> Despesas condominiais. Imóvel alienado fiduciariamente. Penhora sobre o imóvel. Impossibilidade. Constrição que pode recair, contudo, sobre os direitos decorrentes do contrato de alienação fiduciária do imóvel. (...) 2. *Como a propriedade do bem é do credor fiduciário, não se pode admitir que a penhora em decorrência de crédito de terceiro recaia sobre ele, mas podem ser constritos os direitos decorrentes do contrato de alienação fiduciária.* – Grifamos (STJ, AgInt no REsp1.832.061/SP, rel. Min. Maria Isabel Gallotti, publ. 24/04/2020).

---

6. CHAVES DE FARIAS, Cristiano. ROSENVALD, Nelson. *Curso de direito civil.* 9. ed. rev., ampl. e atual. Bahia: Editora Juspodivm, 2013. v. 5. p. 734.
7. STJ – AgInt no REsp 1.288.890/PR, rel. Min. Marco Buzzi, 4ª Turma, julgado em 24/11/2020, DJe de 18/12/2020 – voto vista proferido pela Min. Maria Isabel Gallotti.
8. ARECHAVALA, Luis. *Condomínio edilício e suas instituições*, p. 166.

Com efeito, conclui-se que houve uma evolução e mudança no posicionamento jurisprudencial sobre o tema acerca da definição da legitimidade passiva para responder pelas dívidas condominiais, havendo um entendimento atual pela primazia do interesse coletivo, tendo o credor um leque maior de legitimados para satisfazer a obrigação, ficando ressalvado o direito destes de interpor ação regressiva.

REFERÊNCIAS BIBLIOGRÁFICAS

ARECHAVALA, Luis. *Condomínio edilício e suas instituições*. Rio de Janeiro: Lumen Juris, 2021.

CHAVES DE FARIAS, Cristiano. ROSENVALD, Nelson. *Curso de direito civil*. 9. ed. rev., ampl. e atual. Editora JusPodivm: Bahia, 2013. v. 5.

DA SILVA PEREIRA, Caio Mario. *Condomínios e incorporações*. Atualização da obra por Sylvio Capanema & Melhim Chalhub, Ed. Forense, 13. ed. livro digital.

LIRA, Ricardo Pereira. *Elementos de direito urbanístico*. Rio de janeiro: Renovar, 1997.

RIZZARDO, Arnaldo. *Condomínio edilício e incorporação imobiliária*. 5. ed. Rio de janeiro: Ed. Forense, 2017.

TARTUCE, Flávio. *Direito civil, direito das coisas*. 14. ed. Rio de janeiro: Ed. Forense, 2018. v. IV.

AÇÃO DE COBRANÇA DE COTAS E EXECUÇÃO

Raphael Gama da Luz

Sócio do escritório RGLUZ Advogados. Pós-graduado em Direito Imobiliário pela Mackenzie Rio. Pós-graduado em Responsabilidade Civil e Direito do Consumidor pela EMERJ. Membro das Comissões de Direito Condominial da ABA Rio de Janeiro. Membro da Comissão de Direito Imobiliário e Condominial da OAB- Méier e Barra da Tijuca.

Sumário: 1. Introdução – 2. A legitimidade passiva e um paralelo com a natureza *propter rem* da obrigação – 3. A problemática entre as construtoras/incorpordoras na alienação de imóveis na planta e a definição de responsabilidade no pagamento das cotas condominiais; 3.1 Proprietário falecido; 3.1.1 Espólio e representante legal; 3.2 Da citação – 4. Ação pelo procedimento comum; 4.1 Ação de execução de título extrajudicial – 5. Referências bibliográficas.

1. INTRODUÇÃO

A inadimplência das cotas condominiais sempre foi e sempre será um grande desafio para os síndicos e administradores dos condomínios. O manejo de ações judiciais, através de um advogado ou sociedade de advogados, pelo credor-condomínio em face do devedor-condômino resultam em uma quantidade expressiva de processos judiciais pelos tribunais em todo o país. Em que pese o procedimento judicial ser considerado aparentemente simples, ao longo do tempo importantes jurisprudências do STJ passaram a definir critérios específicos para o manejo deste tipo de ação. Assim como no direito condominial em si, que sofre diversas transformações e modificações ao longo do tempo, impactado pelos mudanças naturais da sociedade civil e nas formas de moradia e habitação, podemos afirmar, indubitavelmente, que as ações judiciais de cobrança de cotas condominiais também acompanharam esta transformação e evolução, destacando-se como marco principal o Novo Código de Processo Civil em 2015, que aportou com profundas mudanças e procedimentos processuais, que avaliamos como super positivas para agilizar as recuperações de crédito condominial, simplificando etapas processuais através da ação de execução, as quais abordaremos à frente.

Nesta esteira, o papel do advogado especializado em direito condominial ganha ainda mais relevância e protagonismo e nos últimos anos salta aos olhos do mercado para uma atuação ampla multidisciplinar neste nicho de mercado, compreendido nos mais variados serviços jurídicos que norteiam as relações imobiliárias em si, predominantemente as de direito condominial e por consequência das inúmeras vertentes que se entrelaçam oriundas da dinâmica dos condomínios horizontais e verticais, gerando oportunidades e exigindo especialização dos inúmeros profissionais que orbitam no universo condominial pelo país, sejam advogados, empreendedores, síndicos profissionais, administradores, contadores etc...

2. A LEGITIMIDADE PASSIVA E UM PARALELO COM A NATUREZA *PROPTER REM* DA OBRIGAÇÃO

Partes legítimas, exequente e executado, são as pessoas titulares da relação jurídica material objeto da demanda. Assim, pode ser autor/credor/exequente, o condomínio edilício quem atribui a si o direito que pleiteia representando pelo síndico devidamente eleito e com mandato vigente, bem como, poderá ser parte ré/ devedora/executado na condição de proprietário do imóvel, ou seja, aquele a quem o autor atribui o dever de satisfazer sua pretensão nos termos da convenção de condomínio e do 1336, I, do código civil[1].

A legitimidade, que é uma das condições da ação, conforme artigo 18 do *Código de Processo Civil de 2015*[2] e não se confunde com o próprio mérito. Ela se restringe a uma análise superficial acerca da pessoa que o autor da ação aponta como devedor da satisfação de sua pretensão e de quem aponta como titular do direito correspondente à providência judicial que pede, sendo analisada em tese:

A obrigação se resume ao vínculo jurídico, que confere ao credor (**sujeito ativo**) o direito de exigir do devedor (**sujeito passivo**) o cumprimento de determinada prestação. Ou seja, é uma relação de natureza pessoal, de crédito e débito, de caráter transitório, extinguindo-se com o cumprimento. Portanto, obrigação é uma relação jurídica transitória de cunho pecuniário, unindo duas ou mais pessoas, devendo uma (devedor) realizar uma prestação a outra (credor). Na ótica da obrigação do pagamento das cotas condominiais, importante destacar que a mesma deriva uma obrigação de natureza ***propter rem***, ou seja, trata-se de obrigações que alcançam não originariamente integrantes do vínculo jurídico ou obrigações que emanam da própria titularidade ou domínio da coisa. O credor da obrigação pode exigir a satisfação do seu direito daquele a quem o domínio pertence ou foi transferido. Os sujeitos da relação são determinados, não há uma sujeição passiva universal, mas as obrigações acompanham o domínio. Um exemplo sobre a obrigação "propter rem" são os débitos de cotas em relação ao condomínio edilício, conforme apresenta o art. 1.345 do Código Civil[3].

---

1. *Art. 1.336.* São deveres do condômino:
   I – contribuir para as despesas do condomínio na proporção das suas frações ideais, salvo disposição em contrário na convenção; (Redação dada pela Lei 10.931, de 2004).
2. *Art. 18.* Ninguém poderá pleitear direito alheio em nome próprio, salvo quando autorizado pelo ordenamento jurídico.
3. *Art. 1.345.* O adquirente de unidade responde pelos débitos do alienante, em relação ao condomínio, inclusive multas e juros moratórios.

Assim, podemos inicialmente concluir que a obrigação *"propter rem"*, representa uma prestação específica de trato sucessivo ligada ao direito real, ou seja, uma obrigação que acompanha a propriedade conforme é transmitida ao novo titular. Portanto, para que ocorra a exoneração da obrigação, necessário a transferência para nova titularidade ou o adimplemento daquela obrigação pelo proprietário. Ressalvando que se houver a transmissão da propriedade do bem, ocorre a assunção pelo adquirente, que se torna o titular do direito real e da obrigação acessória decorrente.

No entanto, há algumas exceções a essa regra. Por exemplo, se houver uma promessa, pública ou particular, de compra e venda celebrada com um terceiro, há legitimidade concorrente do promitente vendedor e do promitente comprador para a ação de cobrança de cotas condominiais em aberto. Além disso, o Superior Tribunal de Justiça (STJ) decidiu que, havendo compromisso de compra e venda não levado a registro, a responsabilidade pelas despesas de condomínio pode recair tanto sobre o promitente vendedor quanto sobre o promissário comprador, dependendo das circunstâncias de cada caso concreto. O STJ também decidiu que o que define a responsabilidade pelo pagamento das obrigações condominiais não é o registro do compromisso de venda e compra, mas a relação jurídica material com o imóvel, representada pela imissão na posse pelo promissário comprador e pela ciência inequívoca do Condomínio acerca da transação. Se ficar comprovado que o promissário comprador se imitira na posse e que o Condomínio teve ciência inequívoca da transação, afasta-se a legitimidade passiva do promitente vendedor para responder por despesas condominiais relativas a período em que a posse foi exercida pelo promissário comprador.

> Processo civil. Recurso especial representativo de controvérsia. Art. 543-c do CPC. Condomínio. Despesas comuns. Ação de cobrança. Compromisso de compra e venda não levado a registro. Legitimidade passiva. Promitente Vendedor ou Promissário Comprador. Peculiaridades do caso concreto. imissão na posse. ciência inequívoca. 1. Para efeitos do art. 543-C do CPC, firmam-se as seguintes teses: *a) O que define a responsabilidade pelo pagamento das obrigações condominiais não é o registro do compromisso de compra e venda, mas a relação jurídica material com o imóvel, representada pela imissão na posse pelo promissário comprador e pela ciência inequívoca do condomínio acerca da transação. b) Havendo compromisso de compra e venda não levado a registro, a responsabilidade pelas despesas de condomínio pode recair tanto sobre o promitente vendedor quanto sobre o promissário comprador, dependendo das circunstâncias de cada caso concreto. c) Se ficar comprovado: (i) que o promissário comprador se imitira na posse; e (ii) o condomínio teve ciência inequívoca da transação, afasta-se a legitimidade passiva do promitente vendedor para responder por despesas condominiais relativas a período em que a posse foi exercida pelo promissário comprador.* 2. No caso concreto, recurso especial não provido. (STJ - REsp: 1.345.331 RS 2012/0199276-4, rel. Min. Luis Felipe Salomão, Data de Julgamento: 08/04/2015, S2 - Segunda Seção, Data de Publicação: DJe 20/04/2015 RB v. 619 p. 49).[4] (Grifo do autor).

---

4. STJ, REsp 1.345.331-RS 2012/0199276-4, rel. Min. Luis Felipe Salomão, Data de Julgamento: 08/04/2015, S2 - Segunda Seção, Data de Publicação: DJe 20/04/2015 RB, v. 619. p. 49.

3. A PROBLEMÁTICA ENTRE AS CONSTRUTORAS/INCORPORDORAS NA ALIENAÇÃO DE IMÓVEIS NA PLANTA E A DEFINIÇÃO DE RESPONSABILIDADE NO PAGAMENTO DAS COTAS CONDOMINIAIS

Como já visto, redobra-se a atenção dos advogados na prática e exercício da advocacia condominial, ao que toca o momento da identificação de responsabilidade para qualificação no polo passivo da pessoa natural ou jurídica responsável pelo pagamento das cotas condominiais e até a definição de quais são os períodos das cotas condominiais inadimplidas de responsabilidade de cada, uma vez que se tratar de uma obrigação em que o marco é a relação material com o imóvel e eventual ciência inequívoca do condomínio credor, acrescente-se ainda outra característica a de uma obrigação contínua, de trato sucessivo com as cotas vencidas e vincendas.

Um exemplo nesta toada podemos retratar as questões relativas à venda de unidades imobiliárias na planta pelas construtoras/incorporadoras. Em havendo aquisição do adquirente tem-se que como definidor a responsabilidade pelo pagamento das cotas o momento da entrega das chaves, independente se o título/instrumento aquisitivo tenha ou não sido registrado perante do cartório de imóveis.

Assim, a jurisprudência do STJ pacificou-se no sentido de considerar que, a despeito de se conceber a possibilidade de atribuir responsabilidade à promitente-vendedora construtora pelo pagamento de despesas condominiais, referentes ao período posterior à celebração do contrato de promessa de compra e venda, há de ser observado que a escolha quanto à legitimidade para responder pelos débitos não fica ao inteiro arbítrio do credor. Deve-se verificar se no caso em concreto ficar demonstrado que o condomínio teve ciência da realização da transferência do imóvel a um terceiro e que este passou a ter a posse do bem ou titular de direitos de gozo ou fruição, caberá apenas a este a legitimidade para responder sobre as cotas condominiais.

3.1 Proprietário falecido

3.1.1 Espólio e representante legal

Na esteira da correta identificação de quem vai figurar no polo passivo da ação judicial de execução ou procedimento comum, esbarra-se na questão do proprietário falecido. Assim, vale fazer uma remissão ao princípio da *saisine*, pois trata-se de princípio fundamental do Direito Sucessório, em que a morte opera a imediata transferência da herança aos seus sucessores legítimos e testamentários, conforme dispõem o artigo Art. 1748 do código civil[5]. Portanto na qualificação

---

5. *Art. 1.748.* Aberta a sucessão, a herança transmite-se, desde logo, aos herdeiros legítimos e testamentários.

do polo passivo da ação deve constar Espólio do *de cujus*, legítimo proprietário da unidade, representado pelos herdeiros os inventariantes designados, nos termos do artigo 617 do código de processo civil[6].

Não existindo herdeiros ou não sendo possível identificá-los, configura-se hipótese de herança jacente, neste caso a tramitação dos autos seguirá com a designação de um curador até a definição eventual de transmissão dos bens para um ente público.

3.2   Da citação

Sabe-se que a etapa de citação da parte contrária em processos judicia é etapa crucial para que seja possibilitado o prosseguimento das etapas seguinte e marcha do processo, nesta esteira, um inegável avanço com a chegada do novo CPC/2015 foi a possibilidade prevista no artigo 248, § 4º[7] estabelecendo que nos condomínios edilícios ou nos loteamentos com controle de acesso, será válida a entrega do mandado a funcionário da portaria responsável pelo recebimento de correspondência, que, entretanto, poderá recusar o recebimento, se declarar, por escrito, sob as penas da lei, que o destinatário da correspondência está ausente.

Com esta possibilidade legal a presunção de citação da parte executada ganha respaldo legal, logicamente não destacando a possibilidade de citação pessoal através do oficial de justiça, carta precatória, citação por edital, citação na pessoa do representante legal no caso de herdeiros ou inventariante designado no processo judicial de inventário ou extrajudicial.

---

6. *Art. 617.* O juiz nomeará inventariante na seguinte ordem:

    I – o cônjuge ou companheiro sobrevivente, desde que estivesse convivendo com o outro ao tempo da morte deste;

    II – o herdeiro que se achar na posse e na administração do espólio, se não houver cônjuge ou companheiro sobrevivente ou se estes não puderem ser nomeados;

    III – qualquer herdeiro, quando nenhum deles estiver na posse e na administração do espólio;

    IV – o herdeiro menor, por seu representante legal;

    V – o testamenteiro, se lhe tiver sido confiada a administração do espólio ou se toda a herança estiver distribuída em legados;

    VI – o cessionário do herdeiro ou do legatário;

    VII – o inventariante judicial, se houver;

    VIII – pessoa estranha idônea, quando não houver inventariante judicial.

7. *Art. 248.* Deferida a citação pelo correio, o escrivão ou o chefe de secretaria remeterá ao citando cópias da petição inicial e do despacho do juiz e comunicará o prazo para resposta, o endereço do juízo e o respectivo cartório.

    § 4º Nos condomínios edilícios ou nos loteamentos com controle de acesso, será válida a entrega do mandado a funcionário da portaria responsável pelo recebimento de correspondência, que, entretanto, poderá recusar o recebimento, se declarar, por escrito, sob as penas da lei, que o destinatário da correspondência está ausente.

Os tipos de citação comum são: os realizados pelos correios através de uma correspondência expedida pelo cartório forense onde tramita o processo com o famoso AR, ou seja, aviso e confirmação de recebimento ou a citação por oficial de justiça através da expedição de um mandado e a juntada posterior da certidão positiva ou negativa de êxito na entrega e ciência do executado ou réu na ação de cobrança.

4. AÇÃO PELO PROCEDIMENTO COMUM

A ação pelo procedimento comum, quando comparada com a ação de execução podemos dizer ser mais longas por conter mais etapas obrigatória e primeiro a formação de um título executivo judicial com a sentença condenatória determinado que o réu efetue o pagamento das cotas condominiais vencidas e vincendas com os acréscimos definidos na convenção do condomínio ou na sua ausência aqueles definidos no código civil. Isso porque na ação de cobrança pelo procedimento comum o devedor será citado para apresentar sua contestação ou ainda para comparecer em uma audiência de conciliação, conforme rito previsto no CPC/15 no art. 318 do NCPC[8]. O condomínio, na pessoa de seu síndico, seu representante legal, é parte legitima para propor a referida ação contra o condômino devedor. E após a impetração da inicial será designada audiência de conciliação em até trinta dias. E na audiência de conciliação, caso não haja acordo ou composição da dívida discutida nos autos, o réu apresentará contestação oral ou escrita e com ou sem documentos e quesitos para o perito se for o caso, além da nomeação de assistente técnico se for o caso. E caso o réu não compareça a audiência de conciliação, será decretada a sua revelia e será proferida sentença de imediato, saneando a questão na etapa de conhecimento, nascendo o título executivo judicial que será objeto de execução na segunda etapa do procedimento judicial.

Na etapa de execução, cumprimento de sentença, o executado poderá ter seus bens penhorados para satisfazer a dívida, nos termos do artigo 835 do Código de processo civil[910], cabe pontuar que no caso de penhora do imóvel objeto

---

8. *Art. 318.* Aplica-se a todas as causas o procedimento comum, salvo disposição em contrário deste Código ou de lei.
9. *Art. 835.* A penhora observará, preferencialmente, a seguinte ordem:
   I – dinheiro, em espécie ou em depósito ou aplicação em instituição financeira;
   II – títulos da dívida pública da União, dos Estados e do Distrito Federal com cotação em mercado;
   III – títulos e valores mobiliários com cotação em mercado;
   IV – veículos de via terrestre;
   V – bens imóveis;
   VI – bens móveis em geral;
   VII – semoventes;
   VIII – navios e aeronaves;

da dívida condominial, não se aplica a condição de bem de família caso o imóvel em questão seja o único bem do devedor, conforme o previsto no artigo 3º da lei 8009/90[10]. Neste caso o bem pode ser penhorado e expropriado em leilão para satisfazer a dívida existente.

4.1 Ação de execução de título extrajudicial

A ação de execução de cotas condominiais foi possibilitada a partir do novo código de processo civil de 2015, (Lei 13.105 de 16 de março de 2015) que elevou a cota condominial no rol de títulos executivos extrajudiciais as despesas condominiais, conforme artigos 783[11] e 784, X, do CPC[12].

Oportuno destacar que os requisitos de qualquer execução tais como: título líquido, certo e exigível também precisa estar comprovado nos anexos da petição inicial de uma ação de execução de cotas condominiais, ou seja, será preciso comprovadamente apresentar as atas das assembleias ordinárias e/ou extraordinárias que detalham os valores das cotas condominiais, cada boleto da cota condominial em aberto e a convenção do condomínio que trata da forma do rateio de despesas. Por ser um rito bem mais célere, após a autuação da inicial o magistrado verificando presentes os requisitos e pressupostos formais essenciais proferirá um despacho determinando a citação do devedor para pagar o débito em três dias e, não havendo o pagamento, haverá a penhora de bens nos termos do artigo 829, § 1º do CPC[13].

A inovação legislativa desde 2016 possibilitou que os processos manejados que tem por objetivo a recuperação de crédito das cotas condominiais fossem simplificados, suprimindo aquela etapa inicial mencionada no tópico anterior,

---

IX – ações e quotas de sociedades simples e empresárias;

X – percentual do faturamento de empresa devedora;

XI – pedras e metais preciosos;

XII – direitos aquisitivos derivados de promessa de compra e venda e de alienação fiduciária em garantia;

XIII – outros direitos.

10. *Lei 8009/90, Art. 3º* A impenhorabilidade é oponível em qualquer processo de execução civil, fiscal, previdenciária, trabalhista ou de outra natureza, salvo se movido: IV – para cobrança de impostos, predial ou territorial, taxas e contribuições devidas em função do imóvel familiar; (...).

11. *Art. 783.* A execução para cobrança de crédito fundar-se-á sempre em título de obrigação certa, líquida e exigível.

12. *Art. 784.* São títulos executivos extrajudiciais:

X – o crédito referente às contribuições ordinárias ou extraordinárias de condomínio edilício, previstas na respectiva convenção ou aprovadas em assembleia geral, desde que documentalmente comprovadas; (...).

13. *Art. 829.* O executado será citado para pagar a dívida no prazo de 3 (três) dias, contado da citação.

§ *1º* Do mandado de citação constarão, também, a ordem de penhora e a avaliação a serem cumpridas pelo oficial de justiça tão logo verificado o não pagamento no prazo assinalado, de tudo lavrando-se auto, com intimação do executado.

que oportuniza o réu apresentar uma contestação, faculta audiência de concilia-ção e todas as etapas probatórias, contraditório e ampla defesa previstas no do procedimento de conhecimento até a prolação de uma sentença. Já na execução as cotas condominiais, o título líquido, certo e exigível especificadas na planilha de débitos, nos boletos avulsos de cada vencimento da cota, das atas das assem-bleias ordinárias e extraordinárias, da comprovação do síndico devidamente eleito como representante legal já possibilitam ao magistrado que determine a citação do executado para pagamento em 3 dias sob pena de penhora de bens, como vimos no rol preferencial do artigo 835 do CPC, ultrapassado o prazo legal com a juntada do mandado de citação, seja por AR ou por certidão do oficial de justiça, o condomínio credor poderá requerer a penhora *on-line* via sistemas dos tribunais como o SISBAJUD para que seja penhorado valores vinculados ao CPF ou CNPJ do executado perante as instituições bancárias, após o retorno sendo a penhora parcial ou insuficiente poderá o credor informar outros bens do execu-tado passíveis de constrição, dentre eles o próprio imóvel que poderá ser objeto de leilão judicial para expropriação e o fruto da arrematação ser destinado para satisfação da dívida existente.

5. REFERÊNCIAS BIBLIOGRÁFICAS

LUIS, Arechavala. *Condomínio edilício e suas instituições*. Editora Lumen juris, 2020.

TORRES, Lobão Amanda. *Direito condominial contemporâneo*. Editora Liberars, 2020.

ZAIN, Miguel. *Síntese do direito condominial contemporâneo*. Cuiabá-MT: Serata Editora, 2019.

LEILÃO JUDICIAL DE BENS IMÓVEIS

Leandro Sender

Sócio do Escritório Sender Advogados, Associados. Pós-graduado em Direito Imobiliário pela ABADI. Professor de Direito Imobiliário. Presidente da Comissão de Direito Condominial da ABA/RJ. Diretor de Relações Institucionais do NEED – Núcleo de Estudos e Evolução do Direito. Líder da Comissão de Leilões Judiciais e Extrajudiciais de Bens Imóveis da ABAMI. Membro da Comissão de Direito Imobiliário do IAB. Membro das Comissões de Direito Imobiliário e Condominial da OAB/RJ. Coordenador do Núcleo Imobiliário de Arbitragem da Cames.

Paula Neustadt

Pós-graduanda em Direito Imobiliário pelo CBEPJUR – Centro Brasileiro de Estudos e Pesquisas Jurídicas. Atua na área de direito condominial desde 2018, no escritório Sender Advogados Associados. Advogada.

Sumário: 1. Introdução – 2. Penhora de bem imóvel – 3. Leilão de bem imóvel – 4. Do leilão de imóvel indivisível – 5. Auto e carta de arrematação – 6. Desfazimento da arrematação – 7. Considerações finais – 8. Referências bibliográficas.

1. INTRODUÇÃO

O presente artigo objetiva elucidar os procedimentos necessários para a realização de hasta pública de bem imóvel, à luz do Código de Processo Civil, doutrina e jurisprudência pátria.

Certo é que, inexistindo o pagamento do débito exequendo pelo devedor, buscará o exequente meios de constrição. Na medida em que são localizados bens imóveis, urge a possibilidade de adjudicação do bem, alienação por iniciativa particular ou leilão judicial.

Como será visto, o leilão judicial é um dos meios mais utilizados para este fim e tem por objetivo conferir liquidez ao bem constrito, para que, assim, o débito exequendo seja quitado.

Assim, serão demonstrados os requisitos para que a arrematação seja considerada válida e eficaz, bem como os respectivos procedimentos prévios, desde a penhora e avaliação, até a efetiva expropriação.

2. PENHORA DE BEM IMÓVEL

Ultrapassado o prazo do devedor para pagamento, sem que a condenação tenha sido quitada ou indicado bens à penhora, iniciam-se os atos executórios consistentes na busca de patrimônio do devedor, cujo objetivo é viabilizar a satisfação do crédito perseguido no processo de execução.

Portanto, na medida em que o devedor deixa de pagar o débito de forma voluntária ou indique um imóvel à penhora, ocorre a intervenção do Estado, através da execução promovida pelo exequente, para que o direito do credor seja empregado. Nas palavras de Theodoro Junior, esta é a explicação de execução forçada:

> Atua o Estado, na execução, como substituto, promovendo uma atividade que competia ao devedor exercer: a satisfação da prestação a que tem direito o credor. Somente quando o obrigado não cumpre voluntariamente a obrigação é que tem lugar a intervenção do órgão judicial executivo. (THEODORO JUNIOR, 2017, p. 296).

Para isso, o art. 835 do CPC estabelece uma ordem preferencial a ser observada na realização da penhora, cuja primeira opção é o dinheiro, seguida por títulos da dívida pública, títulos e valores mobiliários com cotação em mercado, veículos de via terrestre, bens imóveis, bens móveis, semoventes, navios e aeronaves, ações e quotas de sociedades simples e empresárias, percentual do faturamento de empresa devedora, pedras e metais preciosos, direitos aquisitivos derivados de promessa de compra e venda e de alienação fiduciária em garantia, e, por fim, sobre outros direitos.

Contudo, a ordem de preferência supramencionada não tem caráter absoluto, podendo ser flexibilizada pelo julgador de acordo com o caso concreto, consoante entendimento firmado pelo Superior Tribunal de Justiça no julgamento do AgInt no AREsp 1650911-SP:

> Agravo interno no agravo em recurso especial. Súmula 182/STJ. Não incidência. Reconsideração da decisão da presidência. Execução de título extrajudicial. Contrato de prestação de serviços advocatícios. Penhora. Ordem de preferência. Onerosidade excessiva. Necessidade de indicação de outros meios executivos (CPC/2015, Art. 805, Parágrafo Único). Penhora de direitos sobre bem imóvel. Previsão legal. Agravo interno provido. Recurso especial improvido. 1. A ordem de preferência estabelecida no art. 835 do CPC/2015 (art. 655 do CPC/73) não tem caráter absoluto, podendo ser flexibilizada em atenção às particularidades do caso concreto. De igual modo, o princípio da menor onerosidade da execução também não é absoluto, devendo ser observado em consonância com o princípio da efetividade da execução, preservando-se o interesse do credor. Precedentes. 2. Nos termos do art. 805, parágrafo único, do CPC/2015, "Ao executado que alegar ser a medida executiva mais gravosa incumbe indicar outros meios mais eficazes e menos onerosos, sob pena de manutenção dos atos executivos já determinados". Hipótese na qual, não tendo a parte executada indicado os meios que considera mais eficazes e menos onerosos, os atos executivos determinados pelas instâncias ordinárias devem ser mantidos. 3. "A legislação estabelece, de forma expressa, as hipóteses de exceção ao universal princípio da sujeição do patrimônio do devedor às dívidas, a demandar interpretação estrita, pois a regra geral é a prevista no art. 391 do Código Civil, que dispõe que 'pelo inadimplemento das obrigações respondem todos os bens do devedor" (REsp 1.268.998/RS, Rel. Ministro Luis Felipe Salomão, Quarta Turma, julgado em 28/03/2017, DJe

de 16/05/2017). 4. É possível a penhora de direitos, nos termos do art. 835, XIII, do CPC/2015. 5. Agravo interno provido para conhecer do agravo e negar provimento ao recurso especial. (STJ – AgInt no AREsp: 1650911 SP 2020/0012790-4, rel. Min. Raul Araújo, Data de Julgamento: 21/09/2020, T4 – Quarta Turma, Data de Publicação: DJe 08/10/2020).

Veja-se, inclusive, que tal matéria encontra-se consolidada através da Súmula 417 do Superior Tribunal de Justiça:

> Súmula 417 – Na execução civil, a penhora de dinheiro na ordem de nomeação de bens não tem caráter absoluto.

É o que se nota, via de regra, em processos de cobrança de cotas condominiais, em que a penhora recai sobre o imóvel devedor, uma vez que o débito condominial constitui uma obrigação de caráter *propter rem*, para a conservação ou divisão do bem comum.

Certo é que, após requerida a penhora de um bem imóvel, deverá ser lavrado auto ou termo de penhora que deverá conter as seguintes informações, nos termos do art. 838 do CPC: indicação do dia, mês, ano e lugar em que a apreensão foi feita; os nomes do exequente e do executado; a descrição do bem penhorado, com suas características e a nomeação do depositário dos bens.

Em sequência, deverá o exequente apresentar a cópia do auto ou termo junto ao cartório de registro imobiliário para fins de registrar a penhora na matrícula do imóvel, objetivando dar conhecimento a terceiros.

Procede-se com a intimação do executado, na pessoa de seu advogado ou sociedade de advocacia, e, ausente causídico constituído, a intimação será realizada de forma pessoal, preferencialmente pela via postal (art. 841, §§ 1º e 2º).

Importante não esquecer de proceder à intimação de todos aqueles cuja intimação da penhora é obrigatória, na forma do art. 804 do Código de Processo Civil.

Ademais, para que seja considerada a penhora perfeita e acabada, o bem deverá ser deixado sob a guarda de um depositário, sendo que, caso se trate de imóvel urbano, ficará sob a guarda de depositário judicial, e caso inexista depositário judicial, ficarão os bens sob a guarda do exequente.

Sobre este ponto, destacamos a possibilidade de o próprio exequente ser o depositário do imóvel objeto de penhora, conforme expressa previsão do art. 840, II, § 1º do Código de Processo Civil[1]. Desta forma, surge a possibilidade de o

---

1. Art. 840. Serão preferencialmente depositados:

   (...)

   II – os móveis, os semoventes, os imóveis urbanos e os direitos aquisitivos sobre imóveis urbanos, em poder do depositário judicial;

autor requerer a expedição de mandado de imissão na posse, retirando o devedor do imóvel.

Não há como negar que um imóvel vazio se torna muito mais atraente para possíveis interessado, eis que o exequente poderá facultar sua visitação, sem falar sobre a possibilidade de proceder a uma avaliação direta.

Já no tocante a imóveis rurais, desde que seja prestada caução idônea, ficarão depositados com o executado.

Cumpridos tais requisitos, passa-se a avaliação do imóvel, que, em regra é realizada pelo oficial de justiça. Apenas se a avaliação demandar conhecimentos especializados, o magistrado designará um perito avaliador.

Outro ponto de extrema relevância, consiste na possibilidade de não ser necessário proceder à avaliação do imóvel, agilizando a tramitação processual. Para tanto, basta que as partes, de comum acordo, indiquem o valor atribuído ao bem ou caso o preço médio de mercado possa ser conhecido por pesquisas realizadas por órgãos oficiais ou de anúncios de venda divulgados em meios de comunicação, na forma do art. 871 do Código de Processo Civil[2].

Nesta etapa, serão considerados diversos fatores, tais como: as condições físicas do imóvel, idade, localização, proximidade a comércio, rede de transportes, entre outros requisitos que podem valorar ou abaixar o preço do imóvel. Sendo possível que o avaliador ingresse no imóvel, será feita uma avaliação direta, caso contrário, a avaliação será na modalidade indireta.

Nesse diapasão, Gonçalves (2017, p. 1.067) explica que:

> "Cumpre ao oficial de justiça, ao realizar a penhora, promover a avaliação do bem, valendo-se de todos os elementos ao seu alcance, como consultas a anúncios e classificados de jornais, pesquisas em imobiliárias, informações de corretores, elementos trazidos pelas próprias partes, ou qualquer outro meio idôneo."

Em seguida, o laudo de avaliação do bem penhorado será submetido à apreciação das partes, a fim de se pronunciarem, em obediência ao contraditório.

---

§ 1º No caso do inciso II do caput, se não houver depositário judicial, os bens ficarão em poder do exequente.

2. Art. 871. Não se procederá à avaliação quando:

I – uma das partes aceitar a estimativa feita pela outra;

(...)

IV – se tratar de veículos automotores ou de outros bens cujo preço médio de mercado possa ser conhecido por meio de pesquisas realizadas por órgãos oficiais ou de anúncios de venda divulgados em meios de comunicação, caso em que caberá a quem fizer a nomeação o encargo de comprovar a cotação de mercado.

3. LEILÃO DE BEM IMÓVEL

Com a homologação do laudo de avaliação, há possibilidade de ser realizar a hasta pública, não tendo sido solicitada adjudicação e alienação por iniciativa particular, nos termos dos artigos 879 a 903 do Código de Processo Civil. Trata-se de medida para conferir liquidez ao bem constrito, a fim de que seja possível o pagamento da dívida do proprietário frente ao credor.

De início, caberá ao magistrado fixar o preço mínimo, as condições de pagamento e as garantias que deverão ser ofertadas pelo arrematante (art. 885), para, após, o processo ser remetido ao leiloeiro.

O leiloeiro terá um prazo de 15 (quinze) dias para sugerir datas e juntar documentos importantes para o procedimento do leilão, tais como certidões exigidas pelo CNJ, minuta do edital e requerimento de todas as intimações.

Convém mencionar que, no que tange ao edital do leilão do imóvel, o documento deve, obrigatoriamente, conter os requisitos previstos no art. 886, quais sejam: (i) a descrição do bem penhorado, com suas características, e, tratando-se de imóvel, sua situação e suas divisas, com remissão à matrícula e aos registros; (ii) o valor pelo qual o bem foi avaliado, o preço mínimo pelo qual poderá ser alienado, as condições de pagamento e, se for o caso, a comissão do leiloeiro designado; (iii) o lugar onde estiverem os móveis, os veículos e os semoventes e, tratando-se de créditos ou direitos, a identificação dos autos do processo em que foram penhorados; (iv) o sítio, na rede mundial de computadores, e o período em que se realizará o leilão, salvo se este se der de modo presencial, hipótese em que serão indicados o local, o dia e a hora de sua realização; (v) a indicação de local, dia e hora de segundo leilão presencial, para a hipótese de não haver interessado no primeiro; (vi) a menção à existência de ônus, recurso ou processo pendente sobre os bens a serem leiloados.

É dever do leiloeiro designado adotar providências para a ampla divulgação da alienação, assim como, realizar todos os procedimentos para o andamento regular dos leilões.

Outrossim, pelo menos cinco dias antes do leilão, de acordo com o art. 889, deverão ser intimados os executados, coproprietários, se a penhora for de bem indivisível, titular de usufruto, credor hipotecário, fiduciário ou com penhora anteriormente averbada, promitente comprador e promitente vendedor, quando a penhora recair sobre a promessa de compra e venda, a união, estado, e o Município, no caso de alienação de bem tombado.

Deve também ser intimado o cônjuge do proprietário do bem penhorado, exceto quando casados pelo regime da separação total de bens.

Se tratando de executado revel, sem advogado constituído, e, ainda, que não seja encontrado no endereço constante do processo, o parágrafo único do art. 889 possibilita que a sua intimação seja realizada através do próprio edital de leilão. A lei assim dispôs, pois, a intimação por este meio demonstra-se suficiente para cientificar o executado do leilão.

A norma ainda é expressa quanto à alienação ser preferencialmente por leilão eletrônico, sendo que, a forma presencial só se justifica se não for possível a realização na modalidade virtual. Ou seja, a hasta pública presencial trata-se de excepcionalidade.

Tanto os leilões judiciais presenciais como os leilões eletrônicos possuem dois atos de pregão, ou seja, duas datas de leilões. No primeiro leilão, o bem é oferecido para arrematação pelo equivalente a totalidade do valor da avaliação. Caso não haja ofertas, o bem é levado a segundo leilão, e não será aceito lance que ofereça preço vil.

Como preço vil entende-se, via de regra, que se refere a lance que oferte valor inferior ao mínimo estipulado pelo juiz e constante do edital, ou, não tendo sido fixado preço mínimo, considera-se vil o preço inferior a cinquenta por cento do valor da avaliação.

Neste ponto, deve ser dito que há exceções quanto ao preço vil, como: i) no leilão de imóvel cujo proprietário é incapaz, em que o lance deverá alcançar, no mínimo, 80% do valor da avaliação, a teor do art. 896; ii) sendo o leilão feito na esfera criminal, o segundo leilão não poderá ser inferior a 80% (art. 144-A CPP); iii) sendo o leilão feito nos autos de Falência ou Recuperação Judicial, seguirá o trâmite do art. 142, da Lei 11.101/05.

Quanto ao pagamento do valor ofertado para aquisição do bem penhorado, a regra é que seja feito de imediato, através de depósito judicial ou meio eletrônico, salvo se existir pronunciamento judicial em sentido diverso, vide art. 892, *caput*.

No entanto, há possibilidade de ser apresentada proposta para pagamento parcelado da arrematação em até 30 (trinta) meses, desde que seja efetuado o pagamento de pelo menos 25% do valor do lance à vista e bem seja hipotecado como garantia até a quitação do preço.

A referida proposta deverá ser apresentada por escrito pelo interessado, indicando o prazo, a modalidade, o índice de correção monetária e as condições de pagamento do saldo.

Apesar da possibilidade de apresentação de propostas para pagamento parcelado, havendo lance para pagamento à vista, este sempre será preferencial, na forma do previsto pelo § 7º do art. 895 do Código de Processo Civil.

Caso exista mais de um interessado para pagamento em parcelas, a norma prevê que será considerada a proposta de maior valor quando as propostas apresentarem condições diversas e, sendo iguais, será considerada aquela apresentada em primeiro lugar.

A possibilidade de parcelamento da dívida suscita dúvidas, ainda, quanto a possibilidade de o arrematante vir a ser imitido na posse do imóvel antes da quitação integral do débito.

Nesse aspecto, firmou-se entendimento jurisprudencial no sentido de que a imissão na posse é possível antes de o arrematante quitar o parcelamento, desde que cumpridas algumas condições, como a prestação da garantia:

> "agravo de instrumento. Leilão público. Imóvel arrematado com pagamento parcelado do preço. Requerimento de expedição de mandado de imissão na posse quando do pagamento da 1ª Parcela. Indeferimento do pedido. Auto de arrematação que expressamente menciona o pagamento parcelado e a hipoteca como garantia até a quitação do preço do bem. Possibilidade prevista em lei. **Imissão na posse que é plenamente possível antes da quitação do parcelamento, mas desde que cumpridas algumas condições, como a prestação da garantia.** Inexistência de notícia nos autos acerca do registro da hipoteca junto ao RGI, momento em que, efetivada, geraria seus efeitos legais. Garantia, que, portanto, entendo como não prestada. Expedição do mandado de imissão na posse corretamente indeferida. Acerto da decisão." Desprovimento do Recurso. (0078139-97.2019.8.19.0000 – Agravo de Instrumento – Des(a). Andre Emilio Ribeiro Von Melentovytch – Julgamento: 15/10/2020 – vigésima primeira câmara cível) (grifo).

Outro ponto a se observar se refere a quem poderá participar do leilão. Por se tratar de ato público, a regra é de que qualquer pessoa física capaz e pessoa jurídica devidamente constituída poderiam participar das hastas públicas.

No entanto, há pessoas que são impedidas da participação, a teor do art. 890 do CPC, tais como: (i) tutores, curadores, testamenteiros, administradores ou dos liquidantes, quanto aos bens confiados à sua guarda e à sua responsabilidade; (ii) os mandatários, quanto aos bens de cuja administração ou alienação estejam encarregados; (iii) o juiz, membro do Ministério Público e da Defensoria Pública, o escrivão, o chefe de secretaria e os demais servidores e auxiliares da justiça, em relação aos bens e direitos objeto de alienação na localidade onde servirem ou a que se estender a sua autoridade; (iv) os servidores públicos em geral, quanto aos bens ou aos direitos da pessoa jurídica a que servirem ou que estejam sob sua administração direta ou indireta; (v) os leiloeiros e seus prepostos, quanto aos bens de cuja venda estejam encarregados; (iv) os advogados de qualquer das partes.

4. DO LEILÃO DE IMÓVEL INDIVISÍVEL

Muito se questiona a respeito do procedimento de leilão de imóvel em condomínio, ou seja, pertencente ao executado em regime de copropriedade.

O novo ordenamento processual, ao tratar da matéria em seu art. 843, ampliou o regime anteriormente previsto no CPC/1973, de modo que o imóvel em condomínio deverá ser penhorado por inteiro. A referida modificação trouxe significativas melhorias às expropriações dos bens em regime de condomínio, pois demonstrava-se inviável a alienação de imóveis apenas da quota-parte de titularidade do devedor.

Dessa forma, o equivalente à quota-parte do cônjuge ou coproprietário recairá sobre o produto da alienação do bem. De acordo com Didier, o bem será alienado e a quota-parte *"[…]do cônjuge/coproprietário se sub-roga no produto da alienação"*[3].

Inclusive, em processo julgado pelo Tribunal de Justiça do Estado do Rio de Janeiro, entendeu-se que, apesar de a penhora ter recaído apenas sobre a cota-parte da devedora, neste caso, 50%, se tratando de bem indivisível, a alienação deveria corresponder à integralidade do imóvel:

> Agravo de instrumento. Ação de despejo c/c cobrança de alugueres. Fase de cumprimento de sentença. Leilão de imóvel em condomínio. Penhora da cota-parte da devedora. Arrematação pelo exequente. Alienação do bem na sua integralidade. Intimação para complementação do preço. Inércia. Praça tornada sem efeito. Determinação de novo leilão. Decisão Mantida. 1. Na origem, cuida-se de ação de despejo c/c cobrança de alugueres, em fase de cumprimento de sentença, na qual foi proferida a decisão atacada que tornou sem efeito a arrematação do imóvel pelo próprio credor, determinando que se proceda a novo leilão. 2. O juízo a quo entendeu que, embora a penhora tenha recaído somente sobre a parte da ré Josefa (50%), a venda do bem é integral, na forma do art. 843 do CPC/2015, não tendo o ora agravante realizado o depósito da diferença entre a avaliação do bem e seu crédito. 3. Com efeito, a penhora recaiu apenas sobre a cota-parte da devedora (50%), contudo, em se tratando de bem indivisível, a alienação deve corresponder à integralidade do imóvel, (...). 4. Embora no edital de intimação da praça e no auto de leilão, conste que seria arrematado a cota-parte do imóvel pertencente à executada, ou seja, somente 50% do bem, tal fato não tem o condão de afastar a imposição legal de alienação da integralidade do imóvel, ressaltando que o recorrente foi intimado para depositar a diferença, o que sana eventual vício a ser alegado. 5. Assim, deve o arrematante efetuar o depósito do valor da arrematação que exceda seu crédito, na forma do art. 892, parágrafo primeiro do CPC/2015. 6. Diante da ausência de depósito da diferença entre o lanço promovido pelo agravante e o seu crédito na demanda, não obstante intimado para fazê-lo à fl. 849 (fl. 102 destes autos), correta a decisão atacada que anulou a arrematação em questão, determinando que se proceda à novo leilão. 7. Recurso desprovido. (0047713-73.2017.8.19.0000 – Agravo de Instrumento – Des(a). Mônica Maria Costa Di Piero – Julgamento: 08/05/2018 – Oitava Câmara Cível).

Vale registrar que ao coproprietário ou ao cônjuge alheio à execução, será garantido o correspondente à sua quota-parte sobre o valor da avaliação, de sorte que não será levada a efeito expropriação por preço inferior ao avaliado (art. 843,

---

3. DIDIER Jr., Fredie; CUNHA, Leonardo Carneiro da; BRAGA, Paula Sarno; OLIVEIRA, Rafael Alexandria de. *Curso de Direito Processual Civil*: execução. 7. ed. Salvador: JusPodivm, 2017. v. 5, p. 807.

§ 2º, do CPC), além de ser garantido a preferência na arrematação do bem em igualdade de condições (art. 843, § 1º, do CPC).

Quanto ao momento a ser exercido o direito de preferência, é entendimento assente nos tribunais que tal prerrogativa deve ser feita no dia em que ocorrer a hasta pública, não sendo aceito em momento posterior. Vejamos:

> "processual civil. Agravo interno no agravo em recurso especial. Condômino. Direito de preferência. Oportunidade. Praça ou leilão. Súmula 83/STJ. Prequestionamento. Ausência. Súmula 211/STJ. 1. Não se admite o recurso especial, quando não tratada na decisão proferida pelo Tribunal de origem a questão federal suscitada, apesar de opostos embargos de declaração. 2. Nos termos da jurisprudência desta Corte, o direito de preferência do condômino deve ser exercido no momento oportuno, qual seja, no dia em que se deu a praça ou leilão. 3. Agravo interno a que se nega provimento." (STJ – AgRg no AREsp 729.406/MG, rel. Min. Maria Isabel Gallotti, 4ª Turma, julgado em 14/06/2016, DJe 17/06/2016).

5. AUTO E CARTA DE ARREMATAÇÃO

A conclusão da arrematação ocorre com a elaboração de um auto. O referido documento registrará os atos praticados de forma oral na hasta pública e deverá ser lavrado de imediato, com a respectiva assinatura do juiz, arrematante e leiloeiro.

A teor do art. 903[4], após a lavratura do auto de arrematação, esta considerar-se-á perfeita, acabada e irretratável, independentemente dos embargos à execução ou da ação autônoma do parágrafo 4º do art. 903 do CPC. Sequer a sentença de procedência dos embargos, proferida posteriormente à arrematação, comprometerá, por si só, a eficácia da alienação judicial, ensejando somente o direito a reclamar perdas e danos.

O referido dispositivo tem o objetivo claro de prestigiar a segurança jurídica do arrematante e, assim, estimular a aquisição do bem penhorado em leilão judicial.

Fato é que somente após realizar o depósito do preço ou prestadas as garantias necessárias, pagar a comissão do leiloeiro e demais despesas da execução, será expedida a carta de arrematação em favor do arrematante, título que permitirá a transferência do imóvel junto ao cartório de registro de imóvel competente.

A carta de arrematação conterá a descrição do imóvel, com remissão à sua matrícula, a cópia do auto de arrematação e a prova de pagamento do imposto de transmissão, além da indicação da existência de eventual ônus real ou gravame.[5]

---

4. Art. 903. Qualquer que seja a modalidade de leilão, assinado o auto pelo juiz, pelo arrematante e pelo leiloeiro, a arrematação será considerada perfeita, acabada e irretratável, ainda que venham a ser julgados procedentes os embargos do executado ou a ação autônoma de que trata o § 4º deste artigo, assegurada a possibilidade de reparação pelos prejuízos sofridos.

5. Art. 901, § 2º.

Já o mandado de imissão na posse, deverá ser expedido pelo próprio Juízo onde ocorreu a arrematação tão logo efetuado o depósito do valor da arrematação e desde que realizado o pagamento da comissão do leiloeiro e demais despesas.

Vale lembrar que o arrematante passa a ser obrigado a custear as despesas *propter rem* imediatamente após a arrematação e não apenas após a expedição do referido auto ou carta.

Após o pagamento do valor da arrematação, procede-se ao pagamento dos credores. E muito se engana quem acredita ser o condomínio o primeiro a receber. Na realidade, o concurso de credores tem a seguinte ordem: i) crédito trabalhista; ii) crédito tributário; iii) crédito condominial; iv) crédito real; v) crédito quirografário.

Sobre o tema, assim se posicionou o Superior Tribunal de Justiça:

"Processo civil. Ação de execução de contrato de locação. Penhora de bem imóvel. Concurso especial de credores. Preferências materiais. Crédito fiscal. Crédito condominial. Crédito hipotecário. Dissídio Jurisprudencial prejudicado. Julgamento: CPC/73. 1. Ação de execução de contrato de locação proposta em 1999, de que foi extraído o presente recurso especial, interposto em 23/06/2015 e atribuído ao gabinete em 25/08/2016. 2. O propósito recursal é dizer se a recorrente, credora hipotecária, possui preferência no levantamento do produto da arrematação de imóvel dos interessados, a despeito de não ter realizado a penhora do bem. 3. Para o exercício da preferência material decorrente da hipoteca, no concurso especial de credores, não se exige a penhora sobre o bem, mas o levantamento do produto da alienação judicial não prescinde do aparelhamento da respectiva execução. 4. A jurisprudência do STJ orienta que o crédito resultante de despesas condominiais tem preferência sobre o crédito hipotecário. 5. No concurso singular de credores, o crédito tributário prefere a qualquer outro, inclusive ao crédito condominial, ressalvados apenas aqueles decorrentes da legislação do trabalho ou do acidente de trabalho. 6. Recurso especial conhecido e parcialmente provido." (RESP 1580750/SP – 19/06/2018 – 3ª Turma, rel. Min. Nancy Andrighl).

Muitas dúvidas surgem quanto se aborda a temática sobre o pagamento de cotas condominiais e, principalmente, sobre as consequências quanto o produto da arrematação não é suficiente para quitar a dívida de condomínio. Basicamente, todas as diretrizes do leilão precisam estar expressas no edital, de modo que o condomínio deve orientar o leiloeiro se será dada quitação ao arrematante ou não. Vejamos a posição do Superior Tribunal de Justiça sobre o tema:

"agravo regimental no recurso especial. Processual civil. Execução judicial. Alienação de imóvel. Dívidas condominiais pretéritas. Omissão no edital de praça. Responsabilidade do arrematante. Impossibilidade. Recurso não provido. 1. Na alienação judicial, o edital da praça, expedido pelo juízo competente, deve conter todas as informações e condições relevantes para o pleno conhecimento dos interessados, em obediência à segurança jurídica, à lealdade processual e à proteção e confiança inerentes aos atos judiciais. 2. Não havendo previsão no edital, os débitos condominiais anteriores não são de responsabilidade do arrematante, ora recorrente. 3. Agravo regimental não provido." (AgRg no REsp 1098223/RS, rel. Min. Raul Araújo, 4ª Turma, julgado aos 20/10/2015, DJe 19/11/2015).

Para simplificar, recomenda-se que o condomínio se reúna em Assembleia Geral Extraordinária e delibere se a dívida remanescente será cobrada do arrematante ou do devedor. Caso decida-se pela cobrança em face do arrematante, tal fato poderá acarretar a inexistência de interessados.

6. DESFAZIMENTO DA ARREMATAÇÃO

É importante destacar que o legislador enumerou situações em que a arrematação pode ser tornada sem efeito, como no caso do imóvel ser arrematado por preço vil ou na falta de intimação do credor pignoratício, hipotecário ou anticrético, quando se tratar de alienação de bem gravado por penhor, hipoteca ou anticrese.

Sobre o tema, o C. STJ já se manifestou no sentido de que a falta de intimação enseja a ineficácia da arrematação em relação ao titular da garantia, ao julgar o AgInt no Agravo em Recurso Especial 981.802 – BA. Confira-se:

"Processual Civil. Agravo interno no agravo em recurso especial. Submissão à regra prevista no enunciado administrativo 03/STJ. Execução fiscal. Expropriação judicial. Ausência de intimação do credor hipotecário. Validade do ato.

1. A orientação desta Corte firmou-se no sentido de que a falta de intimação do credor hipotecário enseja a ineficácia da arrematação em relação ao titular da garantia (art. 698 do CPC/73). Contudo, não contamina a validade da expropriação judicial, ou seja, permanece válida a alienação do bem hipotecado. Nesse sentido: AgRg no AREsp 82.940/GO, Rel. Ministro João Otávio de Noronha, Terceira Turma, julgado em 28/04/2015, DJe 04/05/2015; AgRg no REsp 1461782/PR, Rel. Ministro Mauro Campbell Marques, Segunda turma, julgado em 02/10/2014, DJe 08/10/2014; REsp 1269474/SP, Rel. Ministra Nancy Andrighi, Terceira Turma, julgado em 06/12/2011, DJe 13/12/2011; REsp 704.006/ES, Rel. Ministro Hélio Quaglia Barbosa, Quarta Turma, julgado em 13/02/2007, DJ 12/03/2007, p. 238.

2. Agravo interno não provido." (AgInt no Agravo em Recurso Especial 981.802 – BA – Min. Mauro Campbell Marques – 2ª Turma – 28/03/2017).

Outrossim, a arrematação também poderá ser resolvida, se o arrematante não quitar o preço ou se não prestar a caução necessária.

Cumpre esclarecer que, ante a inadimplência do arrematante, o bem poderá ser levado a nova hasta pública. Neste caso, a sanção aplicável será a perda de caução eventualmente prestada, em benefício do exequente, e a inadmissão de o arrematante e o fiador remissos participarem da nova praça.

Ademais, há possibilidade de o arrematante requerer a desistência da arrematação. Para tanto, o arrematante deverá demonstrar, no prazo de dez dias, a existência de ônus real ou gravame não mencionado no edital de leilão, ou se, antes de expedida a carta de arrematação, o executado alegar alguma das situações previstas no art. 903, § 1º do CPC, quais sejam, que a arrematação ocorreu por preço vil, o preço não foi pago ou não foi intimado o credor pignoratício, hipotecário, anticrético ou outro cuja intimação é obrigatória.

Nas lições do Professor Alexandre Câmara[6], para que se evite que o executado argumente vício da arrematação com o único intuito de provocar a desistência do arrematante e, assim, protelar a execução, estabeleceu a lei processual que se considera ato atentatório à dignidade da justiça a alegação infundada de vício com o objetivo de ensejar a desistência do arrematante.

Deste modo, havendo a desistência do arrematante, lhe caberá a restituição do valor depositado em pagamento do bem arrematado, sem prejuízo de o bem ser levado a nova hasta pública pelo credor.

7. CONSIDERAÇÕES FINAIS

Conforme exposto, o leilão judicial poderá ser realizado caso inexista interesse da parte exequente em adjudicar o bem ou alienar o imóvel por iniciativa particular, mediante o cumprimento de certos atos preparatórios, como a penhora e avaliação do imóvel.

Fora elucidado que a avaliação do bem imóvel é realizada, via de regra, por oficial de justiça avaliador, sendo certo que, caso seja necessário conhecimento técnico, deverá ser feita por um perito do juízo.

Além disso, demonstrou-se que o procedimento de leilão conta com a designação de leiloeiro público, que será responsável por publicar o edital e realizar ampla divulgação, a fim de dar publicidade as condições de venda do imóvel, respeitados cinco dias datas de leilão.

No mais, discorreu-se sobre a hasta pública de bem indivisível, concluindo sobre a possibilidade de alienação judicial da integralidade do imóvel, desde que reservada a quota-parte pertencente ao coproprietário alheio à execução.

Por fim, trouxe a conhecimento as hipóteses em que a arrematação poderá ser desfeita, como no caso de o arrematante não vir a quitar o preço ou prestar a caução, sendo certo que, neste caso, perderá a caução eventualmente prestada, em benefício do exequente, será impossibilitado de participar de nova praça.

8. REFERÊNCIAS BIBLIOGRÁFICAS

BRASIL. *Lei 13.105, de 16 de março de 2015. Código de Processo Civil.* Disponível em: http://www. planalto.gov.br/ccivil_03/_ato2015- 2018/2015/lei/l13105.htm.

CÂMARA, Alexandre Freitas. *O novo processo civil brasileiro.* 5. ed. São Paulo: Atlas, 2019.

---

6. CÂMARA, Alexandre Freitas. *O novo Processo Civil brasileiro.* 5. ed. São Paulo: Atlas, 2019. E-book.

DIDIER Jr., Fredie; CUNHA, Leonardo Carneiro da; BRAGA, Paula Sarno; OLIVEIRA, Rafael Alexandria de. *Curso de Direito Processual Civil*: execução. 7. ed. Salvador: JusPodivm, 2017. v. 5. p. 807.

GONÇALVES, Marcus Vinicius Rios. *Direito processual civil esquematizado*. São Paulo: Saraiva, 2017.

THEODORO JUNIOR, Humberto. *Curso de Direito Processual Civil*. 50. ed. rev., atual. e ampl. Rio de Janeiro. Forense. 2017. v. III.

CESSÃO DO CRÉDITO CONDOMINIAL

Bruna dos Santos Feitosa de Carvalho

Sócia do Escritório Feitosa Sociedade de Advocacia. Mestrando em direito. Especialista em Direito Público, Imobiliário, Família e Sucessões. Mentora em Direito Imobiliário e Coordenadora do projeto de Mentoria da OAB/RJ. Membro da Comissão de Direito Imobiliário da 20ª subseção da OAB/RJ. Membro da Comissão de Direito Imobiliário e Condominial da Associação Brasileira de Advogados. Colunista, palestrante e autora de livros jurídicos.

Sumário: 1. Introdução – 2. Natureza jurídica do crédito condominial – 3. Conceito, natureza jurídica e eficácia da cessão de crédito – 4. Conclusão – 5. Referência bibliográfica.

1. INTRODUÇÃO

A cessão de crédito condominial traduz um tema atual e bastante relevante para os Condomínios Edilícios e reflete, não só aos condôminos, mas também à terceiros, administradoras, síndicos profissionais e toda a sociedade que, de alguma forma, pode se encontrar envolvida ao crédito condominial.

Ao estender o tema a toda a sociedade, justifica-se tal argumento mediante as consequências econômicas, jurídicas e administrativas que tal negócio jurídico pode alcançar e gerar modificações e até mesmo consequências benéficas, quando utilizado de maneira clara e com a devida assessoria jurídica.

Este instituto que ocupa o tema do presente artigo, é tratado na esfera dos direitos obrigacionais do Direito Civil, bem como deságua nos direitos contratuais, gerando responsabilidade civil para as partes envolvidas e à terceiros quando, pelos devidos meios e critérios, estes são alcançados pelo efeito *erga omnes*.

O crédito condominial possui características próprias de sua natureza propter rem, bem como, se estiver em conformidade com a legislação e demais regramentos, o crédito referente às contribuições ordinárias ou extraordinárias de condomínio edilício, previstas na respectiva convenção ou aprovadas em assembleia geral, desde que documentalmente comprovadas, será considerado um título executivo extrajudicial na forma do art. 784, X do CC.

Além da autonomia e praticidade que o Código Civil de 2002 trouxe ao crédito condominial, o Superior Tibunal de Justiça já se posicionou no sentido de ser um crédido que garantido pela própria unidade autônoma que se insere no condomínio, sendo capaz de penhorar o bem imóvel, ainda que seja considerado como bem de família.

2. NATUREZA JURÍDICA DO CRÉDITO CONDOMINIAL

Para entender e abordar acerca da cessão de um determinado crédito, sobretudo, se faz necessário um giro sobre a Natureza Jurídica deste crédito, afinal, nada mais justo do que colocar em foco o Crédito Condominial, objeto principal deste artigo.

O Crédito Condominial é oriundo das obrigações condominiais, as quais são classificadas como obrigações *propter rem*, pois tem por fonte e situação jurídica no direito das coisas e por se destinarem à conservação das res comum (condomínio).[1]

Em consonância com o disposto no Capítulo VII do Código Civil — o qual aborda sobre Condomínio Edilício, e mais especificamente, em seu art. 1.345, é verificado que o adquirente de uma unidade exclusiva responde pelos débitos do alienante, em relação ao condomínio, inclusive multas e juros moratórios.

Segundo a professora Milena Donato, em síntese, majoritariamente, no âmbito das taxas condominiais, entende-se que o novo titular da situação jurídica subjetiva de direito real responde pelas dívidas nascidas por força da obrigação *propter rem* mesmo antes de sua titularidade, ressalvado o direito de regresso em relação ao alienante.[2]

Ademais, além de possuir Natureza Jurídica *proter rem,* também se trata de Título Executivo Extrajudicial. O Código de processo Civil de 2015, numa de suas melhores inovações, inclui a cota condominial no rol dos títulos executivos extrajudiciais, como se vê do art. 784, X, CC.

Entretanto, conforme preceitua o professor Caio Maio, para que, de fato, a cota condominial seja considerada como tal, exige a Lei que o valor da cota conste expressamente da Ata de Assembleia Geral que o aprovou, para que se atenda ao requisito de liquidez e certeza a que alude o rito Executivo.

Nesse passo, se no valor da cota se inclui alguma sanção, como a incidência de multa, também será preciso anexar a convenção ou decisão assemblear que a comine. De outro lado, não estando presentes tais requisitos, a cobrança só poderá ser feita por ação de conhecimento, o que retarda, e muito, a concretização do crédito.

No que se refere ao direito de preferência do Crédito Condominial, durante a execução do crédito condominial, terceiros poderão se habilitar nos autos do

---

1. BUNAZAR, Maurício Baptistella. Da Obrigação Propter Rem. 2012. In: LOUREIROS, Francisco Eduardo. *Código Civil comentado*: doutrina e jurisprudência. PELUSO, Cezar (Coord.). 14 ed. Barueri: S: Manole, 2020. p. 1341.
2. OLIVA, Milena Donato. A responsabilidade do adquirente pelos encargos condominiais na propriedade horizontal. RTDC, v. 26, 2006. p. 105.

processo para requere o seu crédito sob o argumento de que é possuidor de preferência creditícia em face dos demais credores – Exequentes.

Nesse interim, cabe ressaltar a preferência do crédito condominial em face do crédito hipotecário, e para embasar tal tese, o Superior Tribunal de Justiça através da Súmula 478, sucinta sobre o assunto, e afirma que na execução de crédito relativo às cotas condominiais, este tem preferência sobre o hipotecário (segunda seção, julgado em 13/06/2012, DJe de 19/06/2012).

Corroborando com o acima exposto, ainda conforme a jurisprudência do Superior Tribunal de Justiça, seguem alguns julgados:

> "Civil e processual. Incidente de uniformização de jurisprudência. Faculdade reservada ao integrante do tribunal, não à parte. CPC, art. 476. Exegese. Documento: 9601432 – Relatório e Voto – Site certificado Página 4 de 7 Superior Tribunal de Justiça crédito condominial. Preferência ao crédito hipotecário. Obrigação propter rem. I. O incidente de uniformização de jurisprudência é de iniciativa dos órgãos do Tribunal, não da parte, ao teor da exegese dada ao art. 476 da lei adjetiva civil em precedentes do STJ. II. O crédito condominial tem preferência sobre o crédito hipotecário por constituir obrigação propter rem, constituído em função da utilização do próprio imóvel ou para evitar-lhe o perecimento. Precedentes da STJ. III. Recurso conhecido em parte e, nessa parte, provido." (4ª Turma, REsp 654.651/SP, rel. Min. Aldir Passarinho Junior, unânime, DJU de 28.05.2007).

> "Agravo regimental. Créditos condominiais e hipotecários. Preferência. Uniformização de jurisprudência. O crédito condominial, porque visa à proteção da coisa, prefere ao crédito hipotecário. – O Art. 476 não obriga o Tribunal a suscitar incidente de uniformização da jurisprudência." (3ª Turma, AgRg no REsp 773.285/RJ, rel. Min. Humberto Gomes de Barros, unânime, DJU de 14.12.2007).

Quanto à preferência dos honorários de sucumbência fixados nos autos de processos em que há decisão que julga a procedência da cobrança da contribuição condominial, haja vista que consistem em verba de natureza alimentar, cabe ressaltar algumas decisões do STJ:

> "Direito civil e processual civil. Ação de execução. Penhora de imóvel gravado de hipoteca. Honorários advocatícios. Natureza. Crédito real. Preferência. Ônus sucumbenciais. Valor fixado. Reexame de prova. – Os honorários advocatícios inserem-se na categoria de crédito privilegiado, dada a sua natureza alimentar, sobrepondo-se, portanto, ao crédito real hipotecário. Inviável o reexame de provas em sede de recurso especial. Recurso especial não conhecido." (3ª Turma, REsp 598.243/RJ, rel. Min. Nancy Andrighi, unânime, DJU de 28.08.2006).

Ainda, por analogia, porquanto se trata de honorários contratuais, colaciono o seguinte julgado:

> "Civil e processual. Cédula de crédito rural. Hipoteca. Execução movida por advogado contra a devedora. Embargos de terceiros opostos pelo credor hipotecário. Preferência do crédito alimentar (honorários contratuais). I. A regra de vedação contida no art. 69 do Decreto-lei 167/1967 não afasta a preferência de que frui o crédito decorrente de dívida de natureza

alimentar, caso da cobrança de honorários advocatícios contratuais, de sorte que o credor hipotecário de cédula rural não tem como se opor à penhora do bem garantido. II. Precedentes do STJ. III. Recurso especial não conhecido." (4ª Turma, REsp 509.490/MS, rel. Min. Aldir Passarinho Junior, unânime, DJe de 02.02.2009).

Portanto, são preferenciais os créditos condominiais e os honorários advocatícios sucumbenciais decorrentes de sua cobrança judicial, em detrimento ao crédito hipotecário.[3]

Sobretudo, a jurisprudência do STJ tem reconhecido a preferência do crédito trabalhista em relação a qualquer outro, inclusive hipotecário e tributário, independentemente da data em que registrada a respectiva penhora" e, por uma questão lógica, aplica-se tal preferência do crédito trabalhista em face do crédito condominial, sem embargos.[4]

Outro ponto importante acerca do crédito condominial, é a possibilidade de penhora do imóvel, ainda que seja Bem de Família, conforme afirma o STJ na sua jurisprudência em Tese de n. 68:

> "1) É possível a penhora do bem de família para assegurar o pagamento de dívidas oriundas de despesas condominiais do próprio bem."

3. CONCEITO, NATUREZA JURÍDICA E EFICÁCIA DA CESSÃO DE CRÉDITO

A cessão de crédito é a sub-rogação do cessionário na qualidade creditória do cedente, investido que fica todos os seus direitos e todas as garantias, salvo quando houver estipulação em contrário. Portanto, o cessionário passa a ocupar a mesma posição antes preenchida pelo cedente, por via da sucessão de direitos, opera-se a mutação subjetiva, e então o cessionário pode proceder em relação ao crédito como se fora ele o credor originário.[5] Ademais, o devedor passa a ter o direito de recusar a prestação ao cedente e, se este o acionar, tem contra ele a exceção peremptória da ilegitimidade *ad causam*.[6]

A cessão de crédito é o negócio jurídico, no qual o credor transfere a outrem a sua qualidade creditória que possui em face do devedor, recebendo o cessionário o direito respectivo, com todos os acessórios e todas as garantias, conforme o art. 287 do CC. Difere da novação e do pagamento com sub-rogação, aqui, no presente caso, não opera a extinção da obrigação, mas, ao revés, permanece viva e eficaz.

---

3. Recurso Especial 511.003, SP (2003/0045747-9).
4. Recurso Especial 1.454.257, Pr (2014/0013052-6).
5. TRABUCCHI, Istituzioni, p. 558.
6. VON TUHR, Obligaciones, II, p. 313.

Como se sabe, na atualidade o crédito representa um dos fatores mais importantes no desenvolvimento nacional, não apenas sob o prisma quantitativo, mas especialmente qualitativo. O crédito potencializa a utilização do capital e das riquezas e seu custo é determinante da qualidade de investimento na produção, da geração de empregos e da medida de consumo de vários bens. Assim o crédito é dotado não apenas de valor econômico, mas também jurídico, inserido na funcionalização social dos institutos para satisfação das necessidades existenciais da pessoa para o desfrute de uma vida digna.[7]

Como foi registrado pela doutrina mais recente, há no direito brasileiro dois regimes de transmissão de crédito: a) o regime de cessão comum de crédito (arts. 186 e segs., do Código Civil de 2002); b) o regime da cessão por meio dos títulos de crédito (arts. 887 e segs., do Código Civil de 2002).

Segundo o conceito hodierno, a cessão de crédito é tratada como negócio jurídico abstrato (Larenz, Von Tuhr), que se completa independentemente da indagação de sua causa. Pode-se, entre nós defini-la como negócio jurídico em virtude do qual o credor transfere a outrem a sua qualidade creditória, com todos os acessórios e garantias, salvo disposição em contrário. Tanto pode ser esta a venda como a doação. Até mesmo a deixa testamentária. Em qualquer caso, é sempre distinta do negócio jurídico que a originou. É, por sua vez, um ato jurídico não criador, acrescenta-se, mas meramente transmissor de titularidade do crédito, no qual ressalta a substituição do primitivo credor pelo seu atual adquirente, enquanto subsiste objetivamente inalterado.[8]

Podemos classificar a cessão de crédito como onerosa ou gratuita, conforme o cedente a realize mediante uma contraprestação do cessionário ou sem que haja qualquer correspectivo. Pode ainda ser voluntária ou necessária. Diz-se voluntária a que se origina da manifestação de vontade dos interessados, espontânea e livre. É necessária ou legal quando deriva da imposição da lei. E. ainda, judicial, se ocorre por força de sentença. E pode, finalmente, dar-se a cessão por soluto ou pro solvendo, conforme o cedente transfira o seu crédito em solução de uma obrigação preexistente, ficando dela exonerado; ou subsista aquela sem a quitação do cessionário, coexistindo a obrigação cedida e a primitiva.

Conforme o art. 286 do Código Civil, em regra, o credor sempre pode transferir o seu crédito, pois em princípio todos são suscetíveis de mutação, como qualquer elemento integrativo do patrimônio.[9] Por exceção, e somente por exceção, será defesa. E as proibições ou decorrem da natureza da obrigação ou da vontade

---

7. MENEZES, Maurício Moreira Mendonça de. Cessão e circulação de crédito no Código Civil. In: TEPEDINO, Gustavo. *Obrigações,* p. 211.
8. SERPA LOPES, Curso, II, n. 381.
9. MAZEAUD e MAZEAUD, Leçons, II, n. 1.258.

da lei ou da convenção entre as partes. Pela própria natureza, não podem ser objeto de cessão os créditos acessórios, enquanto tais, sem a transferência do principal, também aqueles que derivam de obrigações personalíssimas; ou quando não seja possível fazer efetiva a prestação ao cessionário sem alteração de seu conteúdo; ou ainda quando a pessoa do credor é levada em consideração exclusiva para a constituição do vínculo.[10]

Caso exista a proibição legal, natural da obrigação ou convencional, trata-se de crédito inacessível, e acaso a transferência seja realizada, esta não será oponível a terceiros, bem como será inválida entre as partes.[11] Portanto, a cláusula proibitiva da cessão não poderá ser oposta ao cessionário de boa-fé, se não constar do instrumento da obrigação.

Neste sentido, disciplina Pontes de Miranda:

"Os créditos que, satisfeitos a outrem, e não ao credor primitivo, seriam atingidos em seu conteúdo, não podem ser cedidos. Tal ocorre às prestações de alimentos, às pretensões a receber empréstimo, porque a consideração da pessoa do mutuário ou do comodatário entra por muito (*aliter*, se apenas se trata de cessão da pretensão à entrega da quantidade mutuada), à prestação de locação do prédio, que somente é transmissível por cláusula expressa (ainda que possível a sublocação, Código Civil, art. 1201)"[12]

Nesse diapasão, Roberto Ruggiero arremata a questão:

"não são pela sua natureza, de modo geral, cedíveis todos os créditos estritamente pessoais, isto é: aqueles que surgem por virtude de uma determinada relação pessoal por si transmissível (como a relação familiar) ou que foi tornada intransmissível por vontade daqueles que a criaram (como nalguns casos a relação social). Mas não podem igualmente ceder-se os créditos que mudariam de natureza ou de conteúdo mudando o credor, ou nos quais a pessoa do credor foi tomada em especial consideração no vínculo, de modo a poder dizer-se que o devedor não o teria contratado para com outrem, e entram nesta categoria várias das obrigações de *facere*. Deriva finalmente da inseparabilidade do acessório do principal, a incapacidade objetiva das razões creditórias acessórias (como a fiança) de serem cedidas separadamente da razão principal."[13]

No que se refere ao crédito condominial, este não está incluído na hipótese de impossibilidade de cessão por sua natureza, já que não há pessoalidade ou qualquer interesse exclusivo que se altere com a cessão, sendo evidente a não incidência dessa proibição.

---

10. LARENZ, Obligaciones, I, p. 457; Von Tuhr, Obligaciones, II, p. 299; Alfredo Colmo, Obrigaciones, n. 1.027; M. I. Carvalho de Mendonça, ob. Cit., n. 504.
11. VAN TUHR, ob. Cit., pág. 301.
12. MIRANDA, Pontes de. *Tratado de Direito privado, Parte Especial*, tomo XXIII, 3 ed., Reimpressão. São Paulo: Ed. RT, 1984, p. 277.
13. RUGGIERO, Roberto de. *Instituições De Direito Civil, v. III, direito das obrigações e direito hereditário*. Trad. Da 6 edição italiana por Ary dos Santos. São Paulo: Saraiva e C. Editores, p. 163-164.

Em consonância com o art. 286 do CC, o art. 5º, inciso II da CRFB/88 afirma que —"ninguém será obrigado a fazer ou deixar de fazer alguma coisa senão em virtude de lei". O que se extrai do dispositivo é o princípio da legalidade, portanto, não havendo proibição da cessão de crédito condominial.

O credor é livre para dispor de seu crédito, não necessita da anuência do devedor para transferir o seu crédito à terceiros.[14]

Sobretudo, não se pode olvidar que, em se tratando de créditos condominiais em que o credor é o próprio condomínio, cabe ao administrador/síndico — na qualidade de representante do Condomínio, submeter a questão à Assembleia para decidir acerca se deve ou não ceder o seu crédito, em respeito ao art. 1.348, do CC.

Sabe-se que o atual Código Civil de 2022 não traz a previsão de quórum de votação para autorizar a cessão de crédito e, caso a Convenção do condomínio não o estipule, aconselha-se a aplicação do art. 1.353 do CC, o qual afirma que Assembleia poderá deliberar por maioria dos votos dos presentes (maioria simples), salvo quando exigido quórum especial.

De outro modo, a legislação prevê a possibilidade de proibição prevista em convenção particular na forma do art. 1.334 do CC, dando lugar à autonomia privada. E, em uma relação jurídica envolvendo o condomínio edilício e os condôminos é lícita a oposição do *pactum non cedendo,* sendo razoável prever as colocações da referida cláusula proibitiva de cessão na convenção de condomínio, pois aos condôminos pode ser interessante a proibição da cessão, já que a transferência onerosa envolve, quase que invariavelmente, um recebimento com deságio pelo condomínio do valor de seus créditos.

O Código Civil prevê a boa-fé do cessionário (terceiro), que adquire o crédito, estabelece a exceção à presunção da boa-fé subjetiva se a cláusula proibitiva constar no instrumento da obrigação, fato que não decorre da hipótese da convenção de condomínio não registrada.

Pontes de Miranda leciona:

"A ineficácia da cessão de crédito se houve infração da incredibilidade oriunda de negócio jurídico é *erga omines,* se houve registro, ou se o pacto consta no negócio jurídico de que resulta o crédito e a cessão tem de ser com o conhecimento do instrumento do negócio jurídico. Sempre que a eficácia é *erga omnes,* entendem-se incluídos os credores do cedente."[15]

---

14. Art. 286 do CC. O credor pode ceder o seu crédito, se a isso não se opuser a natureza da obrigação, a lei, ou a convenção com o devedor; a cláusula proibitiva da cessão não poderá ser oposta ao cessionário de boa-fé, se não constar do instrumento da obrigação.

    Art. 287 do CC. Salvo disposição em contrário, na cessão de um crédito abrangem-se todos os seus acessórios.

15. MIRANDA, Pontes de. *Tratado de Direito privado, Parte Especial,* tomo XXIII, 3. ed., Reimpressão. São Paulo: Ed. RT, 1984, p. 280.

Portanto, é ineficaz a cessão que afronta o *pactum non cedendo* oposto na convenção de condomínio ou determinada em assembleia, devidamente registrada no Registro de Imóveis competente.

É vedada a cessão do crédito que se encontra penhorado, não podendo mais ser transferido pelo credor que tiver conhecimento da penhora. Resta, entretanto, a possibilidade da penhora afetar somente parte do crédito condominial, donde a consequência de que o excedente poderá, perfeitamente, se objeto de cessão.

Ainda, caso o condômino não tenha sido notificado da penhora, vale o pagamento feito ao condomínio edilício, contudo, uma vez intimado de que o valor que deve ao credor foi penhorado por dívida deste último, não deve efetuar o pagamento diretamente ao condomínio, mas sim depositá-lo em juízo, conforme os arts. 298 cc 312 do Código Civil.[16]

Ato contínuo, salvo disposição em contrário, na cessão de um crédito abrangem-se todos os seus acessórios, bem como para ser eficaz, ou seja, para produzir efeitos, em relação a terceiros, a transmissão de um crédito, deve ser celebrada mediante instrumento público, ou instrumento particular revestido das solenidades do § 1º do art. 654 do CC, vejamos:

> Art. 654 do CC. § 1º O instrumento particular deve conter a indicação do lugar onde foi passado, a qualificação do outorgante e do outorgado, a data e o objetivo da outorga com a designação e a extensão dos poderes conferidos.

O Código Civil traz a figura do cessionário de crédito hipotecário, e adverte que este cessionário tem o direito de fazer averbar a cessão no registro do imóvel.

Para que a cessão do crédito tenha eficácia em relação ao devedor, este deve ser notificado. Considera-se notificado o devedor que, em escrito público ou particular, se declarou ciente da cessão feita. Portando este é um ponto importante, o qual não se deve desconsiderar.

Caso ocorra várias cessões do mesmo crédito à vários cessionários, prevalece a que se completar com a tradição do título do crédito cedido. Significa que, se o devedor não for notificado acerca das várias cessões do mesmo crédito, fica liberado, pagando àquele dos cessionários que lhe apresentar, com o instrumento da cessão, o título da obrigação transferida, porque se completa com a tradição do título de crédito cedido (art. 291, do CC).

Ficará desobrigado o devedor que pagar ao credor primitivo, antes de ter conhecimento da cessão, ou o devedor que, no caso de mais de uma cessão notificada, paga ao cessionário que lhe apresenta, com o título de cessão, o da obrigação

---

16. BDINE JÚNIOR, Hamid Charaf. *Código Civil comentado*: doutrina e jurisprudência. PELUSO, Cezar (Coord.). 14. ed. Barueri {SP}: Manole, 2020, p. 277.

cedida. Já, quando o crédito constar de escritura pública, prevalecerá a prioridade da notificação.

Outrossim, independentemente do conhecimento da cessão pelo devedor, pode o cessionário exercer os atos conservatórios do direito cedido.

Salvo estipulação em contrário no contrato de cessão de crédito, o Condomínio, na qualidade de cedente, não responde pela solvência do devedor, sendo de responsabilidade do cessionário o que executar o título executivo extrajudicial, em caso de inadimplência permanente do devedor.

Realizada a cessão por título oneroso – do crédito condominial (quotas condominiais devidas ao condomínio pelo condômino), o cedente – condomínio, ainda que não se responsabilize, fica responsável, em face ao cessionário, pela existência do crédito ao tempo em que lhe cedeu; a mesma responsabilidade lhe cabe nas cessões por título gratuito, se tiver procedido de má-fé, conforme prevê o art. 295 do CC.

4. CONCLUSÃO

Dito isso, este artigo não possui o objetivo de exaurir o tema, mas sim trazer em linhas gerais, de forma didática e simples, de que a cessão do crédito condominial pode ser uma solução plausível para os Condomínios Edilícios, que sofrem com a inadimplência de seus condôminos.

Trata-se de um negócio jurídico que movimenta, não somente a saúde financeira dos Condomínios Edilícios, mas toda a esfera econômica da sociedade, através de empresas que atual nesse seguimento, sendo verdadeiros investidores.

O Código Civil de 2002, a partir dos seus artigos 286 e seguintes, trouxe os regramentos da Cessão de Crédito, bem como advertências caso o devedor não seja notificado. No entanto, o Código em comento não trouxe de forma específica acerca da cessão do crédito de natureza condominial, motivo pelo qual, o presente artigo possui grande relevância para os condomínios.

Sobretudo, por se tratar de um crédito específico, deve ser observado o regramento do código civil na sua parte sobre cessão de crédito e, ainda, sobre os condomínios edilícios, a partir do artigo 1.331 e seguintes.

Cabe consignar também que, para os Condomínios Edilícios, o Código Civil e a Convenção de condomínio devem seguir juntos, e, por último, não menos importante, deve ser respeitado também o seu Regimento Interno.

Não se pode olvidar que, o problema da inadimplência condominial pode ser um problema de muitos condomínios, que precisam de receber todas as quotas condomínios de seus respectivos condôminos para manter sua saúde financeira, posto que tais quotas tratam-se na realidade de verdadeiro rateio das despesas e, não havendo sobras combinado à ausência de pagamento, o Condomínio deságua em dívidas.

Por fim, tal problemática da inadimplência condominial pode ter deveras soluções, inclusive soluções preventivas, como trazer a consciência aos condôminos da importância do adimplemento e dos riscos de se manter adimplente. Porém se, ainda assim, for necessária buscar outras soluções para manter as contas condominiais pagas, a cessão do crédito condominial pode ser uma delas.

5. REFERÊNCIA BIBLIOGRÁFICA

BUNAZAR, Maurício Baptistella. Da Obrigação Propter Rem. 2012. In: LOUREIROS, Francisco Eduardo. *Código Civil comentado*: doutrina e jurisprudência. PELUSO, Cezar (Coord.). 14 ed. Barueri: S: Manole, 2020, p. 1341.

JÚNIOR, Bdine, Hamid Charaf. *Código Civil comentado*: doutrina e jurisprudência PELUSO, Cezar (Coord.). 14. ed. Barueri {SP}: Manole, 2020, p. 277.

MIRANDA, Pontes de. Tratado de Direito privado, Parte Especial, tomo XXIII, 3 ed., Reimpressão. São Paulo: Ed. RT, 1984, p. 277.

MORAIS, Marco Aurélio Santos Stecca Morais; KARPAT, Rodrigo. *Cessão de Crédito condominial.* São Paulo: Leud, 2021.

OLIVA, Milena Donato. A responsabilidade do adquirente pelos encargos condominiais na propriedade horizontal. *RTDC*, v. 26, 2006, p. 105.

PEREIRA, Caio Mário da Silva. *Condomínio e incorporações*. Atualizado por Capanema, Sylvio e Chalhub, Melhim. 14. ed. Rio de Janeiro: Forense, 2021.

QUEIROZ, Luis Fernando de. *Quórum no condomínio*: o poder do voto nas assembleias. Curitiba: Bonijuris, 2019.

RUGGIERO, Roberto de. *Instituições de Direito Civil, v. III, direito das obrigações e direito hereditário.* Trad. Da 6 edição italiana por Ary dos Santos. São Paulo: Saraiva e C. Editores, p. 163-164.

SCAVONE JUNIOR, Luiz Antônio. *Direito Imobiliário, teoria e prática.* 16. ed. Rio de Janeiro: Forense, 2021.

A GARANTIDORA DE RECEITA DO CONDOMÍNIO E A BOA-FÉ CONTRATUAL

Ramon Perez Luiz

Mestre em Filosofia e Teoria da Justiça (UNISINOS). Especialista em Direito Imobiliário (UNIRITTER). Membro da Comissão Especial de Direito Imobiliário da OAB/RS. Diretor da Associação Nacional da Advocacia Condominial – Anacon. Secretário Geral Adjunto da Comissão Nacional de Direito Imobiliário da Associação Brasileira de Advogados – ABA. Advogado, Professor e Síndico.

Sumário: 1. Introdução – 2. A taxa condominial e a saúde financeira do condomínio – 3. A antecipação de receita ao condomínio e a cessão do crédito – 4. Cuidados a serem observados na contratação – 5. Conclusão – 6. Referências bibliográficas.

1. INTRODUÇÃO

Um dos maiores, se não o maior, problema enfrentado pelo Síndico em seu Condomínio é a Inadimplência. A falta de recursos financeiros ante aqueles Condôminos que não pagam a sua cota condominial. É certo que o síndico abarca a obrigação, trazida pelo artigo 1.348, inciso XII, que leciona dentre várias de suas competências, a de "cobrar dos condôminos as suas contribuições, bem como impor e cobrar as multas devidas".

Ocorre que esta cobrança não ocorre tão rapidamente, salvo os casos em que se consegue rapidamente um acordo, mas o de praxe é que junto ao Poder Judiciário o caso demore e a solução venha após algum tempo de litígio, culminando até mesmo no leilão do imóvel inadimplente.

É nesse contexto que surge as garantidoras de Condomínio, que antecipam a receita que o Condomínio arrecadaria caso não houvesse inadimplência e se encarregam de buscar os valores junto ao todo condominial. Parece ser, em um primeiro momento, a alternativa perfeita para sanar tal assunto e monetizar o Condomínio. Mas será que o se oferta é de fato o que se entrega? A solução que se aponta apresenta algum revés futuro contra o Condomínio? É o que o presente trabalho irá buscar apontar.

2. A TAXA CONDOMINIAL E A SAÚDE FINANCEIRA DO CONDOMÍNIO

A taxa condominial é uma obrigação legal que se consubstancia materialmente em um determinado valor que impõe ser pago todos os meses e de forma sucessiva pelos condôminos, vale dizer, pelos proprietários ou promitentes compradores (equiparados pela legislação civil aos proprietários e, portanto, igualmente condôminos).

Em sua qualidade de obrigação jurídica, a taxa condominial se destina a custear as despesas e serviços relacionados à área comum do condomínio edilício, sendo certo que os seus contornos, expressos em valor, encontram guarida nos atos consignados em assembleia, onde são computados os custos fixos e variáveis que se descortinam correntemente e que se associam à indispensável gestão condominial[1].

O síndico tem o dever de atentar para o status da inadimplência condominial e de acompanhar as medidas de cobrança que devem, em princípio, seguir as linhas primárias da mediação e da conciliação, sempre que possível; contudo, superadas, sem êxito, essas etapas vestibulares, abre-se o indispensável caminho da execução judicial, vez que a taxa condominial se encontra vinculada a um aspecto fundamental da gestão de condomínios: a saúde financeira do empreendimento, sem a qual, coloca-se em risco a governança e toda a gama de serviços esperada pelos demais condôminos adimplentes que não podem e não devem arcar com os prejuízos causados por aquele que deixa de cumprir com exatidão o seu dever para com o pagamento regular da taxa condominial[2].

A Taxa Condominial é, na prática, o que dará respaldo ao Síndico para custear a manutenção e operação dos elementos comuns de seu Condomínio. Neste contexto é sempre importante lembrarmos que um "universo" de Condomínio as despesas não se limitam a uma folha de pagamento. Reformas, Manutenção, Laudos estruturais.

A Forma como este pagamento é feito, segundo a Convenção de cada condomínio pode estabelecer a seguinte forma de cálculo da taxa condominial:

- **Fração ideal:** cálculo feito baseado no tamanho da propriedade privada (apartamento, cobertura ou loja). Se o proprietário possui uma fração maior (uma cobertura, por exemplo), pagará uma fração proporcionalmente maior de despesas.

- **Unidade:** fração igual para todos. Cada unidade, independentemente de seu tamanho, pagará o mesmo do que qualquer outra.

- **Forma híbrida:** para alguns casos, é aplicado o rateio por fração ideal; em outros, o rateio por unidade. Um exemplo comum nos condomínios é dividir as despesas ordinárias (manutenção, obras necessárias e de conservação) por unidade e as despesas extraordinárias (agregam valor de investimento) por fração ideal.

---

1. ANDRADE, Vander. *A obrigatoriedade de pagamento da taxa condominial*, consultado em https://www. migalhas.com.br/depeso/319336/a-obrigatoriedade-de-pagamento-da-taxa-condominial. Acesso em: jul. 2023.
2. Id. Ibid.

Apesar de existirem essas três formas de cálculo da taxa condominial, o que vale é o que a convenção de condomínio expressamente instituir. O Código Civil, no artigo 1336, I[3], prevê que a forma de rateio será a de fração ideal, mas dá a prerrogativa de prever regra diferente da que propõe. Desse modo, deixa à vontade que cada condomínio se adeque da forma que achar mais justa para a sua administração.

O imóvel no cenário e uma vez descumprida a obrigação, seu inadimplemento constituí uma dívida que possuí natureza *propter rem (própria da coisa)*, conforme previsão do artigo 4°, parágrafo único da Lei 4.591/64, isso significa que a dívida condominial é uma obrigação real, decorrente da relação entre o devedor e a coisa, que neste caso, é o imóvel localizado em condomínio[4].

Em outras palavras, significa dizer que, é uma dívida gerada em razão do imóvel e, que por esse motivo, adere a ele. Por possuir esta natureza, independente de quem originou a dívida, aquele que tiver relação com o imóvel, seja em razão da propriedade ou em razão da posse, terá a obrigação de responder pelos débitos condominiais devidos.

Como consequência do inadimplemento dos débitos condominiais, aquele que tiver relação com o imóvel, independente de ser ou não quem deixou de realizar as contribuições, mas em razão de figurar como proprietário ou até mesmo possuidor do imóvel, poderá responder judicialmente pelo inadimplemento.

Isto posto, a natureza *propter rem* do imóvel, garante que, caso haja a necessidade, os débitos condominiais poderão ser pagos com a própria venda do bem que gerou as despesas. Dessa forma, como consequência da natureza da dívida condominial, o imóvel gerador da dívida poderá ser levado a leilão, mesmo que seja o único bem do devedor, a fim de garantir o interesse da coletividade, qual seja, o recebimento dos recursos para o pagamento de despesas indispensáveis e inadiáveis do condomínio[5].

O pagamento da taxa condominial é tão importante que a jurisprudência entende que caso não haja tal adimplemento

> Processual civil. Agravo interno no recurso especial. Embargos de terceiro. Ausência de impugnação de capítulo autônomo em decisão monocrática do relator em agravo interno. Preclusão. Violação do art. 489 do CPC/15. Não ocorrência. Prequestionamento. Ausência. Súmula 211/STJ. Harmonia entre o acórdão recorrido e a jurisprudência do STJ. Reexame de fatos e provas. Inadmissibilidade. Dissídio jurisprudencial. Similitude fática. Ausente. v1. Embargos de terceiro. 2. A ausência de impugnação, no agravo interno, de capítulo autônomo e/

---

3. BRASIL. Lei *10.406, de 10 de janeiro de 2002. Institui o Código Civil.* Disponível em: Acesso em: 31 jul. 2023.
4. GONÇALVES, Carlos Roberto. *Direito civil brasileiro*: responsabilidade civil. 7.ed. São Paulo: Saraiva, 2012. v. 4. p. 20-21.
5. ZAIM, Miguel. *Manual Prática da Advocacia Condominial.* 2021. p. 89.

ou independente da decisão monocrática do relator – proferida ao apreciar recurso especial ou agravo em recurso especial – apenas acarreta a preclusão da matéria não impugnada. Precedente da Corte Especial. 3. Devidamente analisadas e discutidas as questões de mérito, e fundamentado corretamente o acórdão recorrido, de modo a esgotar a prestação jurisdicional, não há que se falar em violação do art. 489 do CPC/15. 4. A ausência de decisão acerca dos dispositivos legais indicados como violados, não obstante a interposição de embargos de declaração, impede o conhecimento do recurso especial. 5. *Em se tratando a dívida de condomínio de obrigação propter rem e partindo-se da premissa de que o próprio imóvel gerador das despesas constitui garantia ao pagamento da dívida, o proprietário do imóvel pode ter seu bem penhorado no bojo de ação de cobrança, já em fase de cumprimento de sentença, da qual não figurou no polo passivo. Súmula 568/STJ.* 6. Alterar o decidido no acórdão impugnado, no que se refere à conclusão de que a agravante Companhia De Habitação Popular De Curitiba é a proprietária do imóvel objeto desta ação, exige o reexame de fatos e provas, o que é vedado em recurso especial pela Súmula 7/STJ. 7. O dissídio jurisprudencial deve ser comprovado mediante o cotejo analítico entre acórdãos que versem sobre situações fáticas idênticas. 8. Agravo interno não provido. (AgInt no REsp n. 2.006.920/PR, relatora Ministra Nancy Andrighi, Terceira Turma, julgado em 27/3/2023, DJe de 29/3/2023). (Grifos nossos).

E no caso não poderá ser alegada o chamado "bem de família", eis que a própria Lei 8.009/90, prevê a impenhorabilidade deste bem, e deixa claro que não se aplica a impenhorabilidade.

O artigo 3º da referida lei determina que:

"A impenhorabilidade é oponível em qualquer processo de execução civil, fiscal, previdenciária, trabalhista ou de outra natureza, salvo se movido para cobrança de impostos predial ou territorial, **taxas e contribuições** *devidas em função do imóvel familiar." (grifos nossos)*

Ocorre que como já mencionamos, indo para a esfera do Poder Judiciário o caso pode se prolongar com o tempo e a solução financeira não vir a curto ou médio prazo.

3. A ANTECIPAÇÃO DE RECEITA AO CONDOMÍNIO E A CESSÃO DO CRÉDITO

Quando falamos em garantidoras ou antecipadoras de receita, estamos falando em uma cessão do crédito a receber para que um terceiro o faço em um momento futuro. Quanto a isto sem problemas, até porque o Código Civil assim autoriza:

Art. 286. O credor pode ceder o seu crédito, se a isso não se opuser a natureza da obrigação, a lei, ou a convenção com o devedor; a cláusula proibitiva da cessão não poderá ser oposta ao cessionário de boa-fé, se não constar do instrumento da obrigação.

Art. 287. Salvo disposição em contrário, na cessão de um crédito abrangem-se todos os seus acessórios.

É aí que entra a Empresa que conhecemos como "Garantidora" ou "antecipadora". A Garantidora é uma empresa que antecipa o valor dos atrasados para o condomínio e depois cobra esses valores diretamente do condômino que está devendo, com a incidência de todos os encargos, ou seja, a garantidora antecipa o crédito em troca de um deságio (pago pelo condomínio) e dos encargos (pago pelos condôminos inadimplentes). Com isso, o condomínio volta a ter um valor fixo garantido para a administração, podendo cumprir com o planejamento e a previsão orçamentária de forma segura, o que sem dúvida facilita e muito o dia a dia do síndico[6].

Em um primeiro momento quando se tem a notícia de uma antecipação garantida de valores para que o Condomínio possa honrar seus compromissos e ainda repassar as cobranças e as ações judiciais para a empresa que garante esta antecipação.

Claro, devendo tal assunto ser submetido ao conhecimento de todos em uma Assembleia, como nos ensina Miguel Zain, nos define a Assembleia Geral como o órgão hierárquico supremo de decisão e de autoridade máxima, visando, sobretudo, à administração do condomínio e a elaboração de normas internas[7].

As vantagens de se ter uma garantidora é a ausência de inadimplência, terceirização das cobranças e litígios e uma maior liberdade financeira para poder gerir o Condomínio e honrar os compromissos bem como dar a devida manutenção do mesmo.

Entretanto, devemos também pontuar a contrapartida desta garantia de receita. A primeira delas é a defasagem que vai haver no repasse dos valores, porque ao contrário do Condomínio que não possui fins lucrativos, a garantidora possui e não prestará este serviço gratuitamente. O percentual será pactuado no contrato e estará de acordo com o cenário econômico, em especial a inadimplência.

Segundo entendimento jurisprudencial, a natureza *propter rem* será mantida ante a cessão:

Uma vez cedido o crédito a terceiros, este receberá o crédito com as mesmas qualidades que tinha quando pertencia ao credor originário, no caso o condomínio, qualidades estas que são obrigação *propter rem* e exceção ao bem de família. Este foi inclusive o entendimento adotado pelo Superior Tribunal de Justiça no julgamento do Recurso Especial 1.570.452 – RJ:

> Tendo em vista que vige em nosso ordenamento jurídico o princípio hermenêutico segundo o qual onde há a mesma razão, aplica-se o mesmo direito – *ubi eadem ratio ibi eadem jus* –, esse mesmo entendimento também deveria ser aplicado à hipótese dos autos, visto que tanto

---

6. SANTOS, Danubia. *Receita Garantida é um bom negócio para o Condomínio?* pesquisado em https://jus.com.br/artigos/99505/receita-garantida-e-um-bom-negocio-para-o-condominio. Acesso em julho de 2023.

7. ZAIM, Miguel. *Manual Prática da Advocacia Condominial.* 2021. p. 81.

a natureza *propter* rem das dívidas relativas a cotas condominiais quanto as prerrogativas conferidas ao titular desse tipo de crédito decorrem de lei, que leva em conta a situação especial do credor e o interesse prevalecente da coletividade, que necessita obter os recursos necessários para pagamento de despesas indispensáveis e inadiáveis.

Verifica-se, contudo, que o Supremo Tribunal Federal, após reconhecer a existência de repercussão geral da matéria atinente à "transmudação da natureza de precatório alimentar em normal em virtude de cessão do direito nele estampado" (Tema 361/STF), decidiu que a cessão de crédito não implica a alteração da sua natureza.

Semelhante situação ocorre na hipótese dos autos, haja vista que a transmutação da natureza do crédito cedido viria em prejuízo dos próprios condomínios, que se valem da cessão de seus créditos como meio de obtenção de recursos financeiros necessários ao custeio das despesas de conservação da coisa, desonerando, assim, os demais condôminos que mantêm as suas obrigações em dia.

(...)

Ressalta-se, por último, que, quando o legislador pretende modificar a natureza do crédito cedido, ele assim o faz expressamente, a exemplo da disposição contida no § 4º do art. 83 da Lei 11.101/2005, segundo o qual "Os créditos trabalhistas cedidos a terceiros serão considerados quirografários."

Outro importante item nesta lista que se deve observar é quanto a taxa de inadimplência e aí fica a pergunta: Até qual momento será atrativa para a Garantidora manter o contrato, caso a inadimplência comece a subir?

A taxa de "defasagem" irá aumentar também? e caso haja rescisão por parte da empresa como fica o Condomínio?

Por isto a importância de um bom contrato e uma análise técnica bem-feita.

4. CUIDADOS A SEREM OBSERVADOS NA CONTRATAÇÃO

Como se trata de uma contratação é necessário a tomada de alguns cuidados em especial se o contrato em si está devidamente alinhado com a proposta ofertada. Eis que uma vez que haja a contratação, reger-se-á o princípio da autonomia da vontade dá às partes, não somente, liberdade na escolha de contratar ou não, mas também, liberdade para definir o objeto e delimitar os termos do pacto. Porém, ao decidirem por pactuar, os indivíduos estarão subordinados ao princípio da obrigatoriedade contratual, e serão vinculados ao contrato, devendo cumpri-lo do jeito que foi estipulado.

A lição de Silvio de Salvo Venosa[8]. nos ensina que decorre desse princípio a intangibilidade do contrato. Ninguém pode alterar unilateralmente o conteúdo do contrato, nem pode o juiz intervir nesse conteúdo e ainda que a noção decorre do fato de terem as partes contratantes de livre e espontânea vontade e submetido sua vontade à restrição do cumprimento contratual porque tal situação foi desejada

---

8. VENOSA, Silvio de Salvo. *Direito civil*: teoria geral das obrigações e teoria geral dos contratos. 3. ed. São Paulo: Atlas, 2003. p. 81.

Assim como qualquer outro serviço que vá a ser contratado pelo Condomínio, alguns cuidados devem ser tomados:

1. O primeiro é aprovar a contratação da empresa em Assembleia, com quórum de dois terços;

2. Certificar-se de que a empresa realmente pode trabalhar com este tipo de negociação. Ou seja, que ela realmente tenha lastro financeiro para fazer frente aos pagamentos;

3. Verificar se a empresa está ligada ao sistema financeiro Nacional, se possui cadastro no BACEN (Banco Central) e, preferencialmente, se é cadastrada na CVM (Comissão de Valores Mobiliários). Ela também deve possuir advogados, já que são estes os profissionais encarregados de fazer as cobranças judiciais;

4. Como a empresa fará as cobranças em nome do Condomínio, é importante que isso fique claro para os condôminos no momento da contratação. É importante dizer que a garantidora não pode cobrar mais do que a legislação condominial permite, ou seja, não ela não pode cobrar valores maiores de multa ou juros;

5. Analisar o deságio proposto pela empresa: Se vale a pena abrir mão daquela parcela da sua arrecadação mensal em troca da pontualidade. Quanto a sua taxa mensal talvez precisará aumentar para fazer frente ao percentual pago à garantidora.

É muito importante estes pontos serem cuidadosamente analisados, eis que uma vez pactuados livremente, irá prevalecer o princípio do *pacta sun servanda* também conhecido o princípio da Obrigatoriedade da Convenção, é aquele que impõe força vinculante às disposições contratuais "livremente" concebidas pela autonomia da vontade, ou seja, aquele pelo qual o contrato deve fazer "lei entre as partes". Segundo Orlando Gomes[9], o princípio da força obrigatória consubstancia-se na regra de que o contrato é lei entre as partes. Celebrando que seja, com a observância de todos os pressupostos e requisitos necessários à sua validade, deve ser executado pelas partes como se suas cláusulas fossem preceitos legais imperativos.

E ainda temos o possível cenário de que caso a Garantidora decida que não é mais um bom negócio permanecer em um determinado Condomínio antecipando a sua Receita, como ficará aquele montante em aberto? A garantidora poderá executar o Condomínio ou ela permanecerá na cobrança frente aos inadimplentes? Pergunta esta que reforça ainda mais a importância de um contrato bem elaborado e alicerçado na boa-fé e, nos termos do artigo 421 do Código Civil, na função Social do Contrato

Sob essa ótica, comenta Lígia Neves Silva[10], aonde o atual Código Civil é um sistema aberto, ou seja, cabe ao juiz a interpretação e aplicação dos dispositivos legais – maior liberdade de decisão -, principalmente àqueles que possuem as cláusulas gerais. A função social do contrato é a porta de entrada do direito contratual conforme prevê o art. 421, do CC, sendo um conceito jurídico indeterminado.

---

9. GOMES, Orlando. *Introdução ao direito civil*. 10. ed. Rio de Janeiro: Forense, 1993, p. 36.

10. SILVA, Ligia Neves. O princípio da função social do contrato. Conteúdo e alcance. Análise econômica. In: *Âmbito Jurídico*, Rio Grande, XIV, n. 87, abr. 2011. Disponível em: Acesso em: jul. 2023.

5. CONCLUSÃO

No tocante a contratação ou não de uma empresa que irá antecipar o Crédito a pergunta a ser feita não é se está correto ou não tal ato, mas sim se aquela contratação serve ou não serve para aquele determinado Condômino em face a sua saúde financeira.

O presente, e brevíssimo, trabalho sobre garantidoras (ou antecipadoras) de receita teve o objetivo de elencar alguns pontos para uma reflexão acerca deste serviço que vem sendo ofertado no nosso mercado condominial e imobiliário e os pontos que se deve observar àqueles que assim desejam aderi-lo.

Por esta e outras razões, recomenda-se que, antes de qualquer ato que implique em disposição de crédito e obrigação do condomínio, todas as condições impostas no contrato sejam detalhadamente analisadas pelo síndico, se possível por um advogado de confiança do condomínio e discutidas em assembleia, para deliberação e votação dos condôminos.

Um dos pontos mais importantes é verificar se a proposta apresentada está alinhada com o contrato e condições que irá se operacionalizar o funcionamento da garantidora junto ao Condomínio para que no momento em que houver a dissolução entre Empresa e Condomínio este último não seja o maior perdedor e o seu cenário econômico não esteja pior do que antes do início da antecipação da receita.

6. REFERÊNCIAS BIBLIOGRÁFICAS

ANDRADE, Vander. A obrigatoriedade de pagamento da taxa condominial, consultado em: https://www.migalhas.com.br/depeso/319336/a-obrigatoriedade-de-pagamento-da-taxa-condominial. Acesso em julho de 2023.

GOMES, Orlando. *Introdução ao Direito Civil*. 10. ed. Rio de Janeiro: Forense, 1993.

GONÇALVES, Carlos Roberto. *Direito civil brasileiro*: responsabilidade civil. 7. ed. São Paulo: Saraiva, 2012. v. 4.

SANTOS, Danubia. Receita Garantida é um bom negócio para o Condomínio? pesquisado em https://jus.com.br/artigos/99505/receita-garantida-e-um-bom-negocio-para-o-condominio.

SILVA, Ligia Neves. O princípio da função social do contrato. Conteúdo e alcance. Análise econômica. In: *Âmbito Jurídico*, Rio Grande, XIV, n. 87, abr. 2011. Disponível em: Acesso em: jul. 2023.

VENOSA, Silvio de Salvo. *Direito civil*: teoria geral das obrigações e teoria geral dos contratos. 3. ed. São Paulo: Atlas, 2003.

ZAIM, Miguel. *Manual Prática da Advocacia Condominial*. 2021.

APONTAMENTOS NECESSÁRIOS SOBRE A COBRANÇA JUDICIAL

Caroline Guimarães

Graduada pela Fundação Getulio Vargas (FGV). Pós-graduada em Direito Penal e Segurança Pública pela Universidade do Estado do Rio de Janeiro (UERJ). Mestre em Direito Penal e Segurança Pública pela Universidade do Estado do Rio de Janeiro (UERJ).

Thiago Lindoso

Pós-graduado em direito processual civil pela PUC/RJ, com experiência em Direito civil, Consumidor, Imobiliário, Processo Civil. Advogado.

Sumário: 1. Introdução – 2. Opção pela cobrança ou pela execução – 3. Da opção do legislador pela simplificação do ato citatório – 4. Da legitimidade passiva – 5. Responsabilidade do arrematante pelas cotas entre a data do leilão e arrematação – 6. Referências.

1. INTRODUÇÃO

A cobrança é um dos mecanismos mais importantes para manutenção da saúde condominial eis que é importante meio de recuperação de crédito. Uma vez que o condomínio é ente despersonalizado que não persegue o lucro, todo valor angariado a título de cota condominial é destinado à sua manutenção, daí advindo a importância de se manter a saúde das finanças condominiais.

Neste trabalho serão abordadas questões referentes à cobrança judicial, destacando-se aspectos processuais que merecem relevo a partir de uma perspectiva da prática da advocacia.

2. OPÇÃO PELA COBRANÇA OU PELA EXECUÇÃO

Nas situações de recuperação do crédito existem dois caminhos possíveis: ação de cobrança ou execução de título executivo extrajudicial.

Na forma do artigo 784, X do Código de Processo Civil, o crédito referente às contribuições ordinárias ou extraordinárias de condomínio edilício, previstas na respectiva convenção ou aprovadas em assembleia geral, poderá ser obtido através de execução de título extrajudicial. Neste procedimento, as etapas processuais são mais céleres, sendo que o devedor é citado e intimado para pagamento em até três dias, sob pena de sofrer penhora e demais constrições.

O título a ser executado é o crédito que emana diretamente da convenção condominial ou da ata da assembleia que o institui. Em razão de tanto, a jurisprudência dominante do Tribunal de Justiça do Estado do Rio de Janeiro exige que tais documentos prevejam, de forma textual em numeral e por extenso, o valor atribuído a cada cota. Assim o é para possibilitar o pleno exercício do contraditório pelo demandado.

O mesmo se diga quanto às atas das assembleias que fixam o aumento da cota em voga, atribuindo percentual de majoração. A fim de evitar a extinção do feito sem resolução do mérito por ausência de título executivo, recomenda-se a disposição em numeral e por extenso do valor atualizado devido mensalmente.

Observe-se a orientação jurisprudencial do TJRJ sobre o assunto:

> Apelação cível. Execução. Cobrança de cotas condominiais. Inicial que não foi instruída com o valor nominal do rateio das despesas previsto na convenção ou na assembléia geral. Título executivo extrajudicial que deve conter os requisitos dos artigos 783 e 784, Inciso X, do CPC/15. Execução por título executivo extrajudicial que pressupõe a prova de obrigação certa, líquida e exigível. Inicial instruída apenas com a planilha do débito condominial sem a prova do crédito referente ao rateio das despesas condominiais no período de dezembro de 2014 a setembro de 2016, como exigido no art. 784, inciso X, do CPC/15. Via executiva que impõe a apresentação do título executivo extrajudicial onde consta o valor expresso do débito condominial aprovado em escrutínio lançado na ata de assembléia, ex vi dos artigos 783 e 784, inciso X, do CPC/15. Correta a extinção parcial da execução em relação ao débito que não conta com o valor nominal da cota inadimplida aprovada em assembléia ou na convenção. Ausência de certeza, liquidez e exigibilidade. Desprovimento do recurso, fixados os honorários recursais em favor do patrono da autora em 1% sobre o valor da condenação, ex vi do art. 85, § 11º, do CPC/15" (Apelação – 0007821- 73.2017.8.19.0028 – Des(a). Lúcio Durante – Julgamento: 11/06/2019 – 19ª Câmara Cível).

Nesse sentido, caso o condomínio tenha por interesse a propositura de ação de execução deve garantir que na ata de assembleia conste todos os requisitos mínimos necessários.

Noutro giro, acaso a ata da assembleia não contenha tais disposições, deve-se optar pela ação de cobrança, que segue o rito ordinário, detendo maior dilação probatória e fases processuais. Nesta hipótese, o devedor é citado para oferecer defesa e não para promover o pagamento imediato da dívida sob pena de penhora.

Recomenda-se, ainda, a propositura de ação de cobrança naqueles casos nos quais não está suficientemente claro quem é o legitimado a ocupar o polo passivo. É o caso, por exemplo, de haver falecimento do proprietário e não haver inventário extrajudicial ou judicial em curso, ou ainda, quando há promessa de compra e venda não registrada perante o cartório responsável.

3. DA OPÇÃO DO LEGISLADOR PELA SIMPLIFICAÇÃO DO ATO CITATÓRIO

A citação é ato indispensável ao processo. Trata-se de da triangularização da relação processual, hábil a ensejar efeitos práticos como estabilização da demanda, bem como efeitos decorrentes do art. 240 do CPC.

Diante de consequências processuais tão importantes, o legislador estabeleceu que a citação será pessoal, excepcionando-se situações que ensejam a realização de citação ficta, como a por hora certa e por edital.

Nos casos de condomínio edilício ou loteamento com controle de acesso, o legislador trouxe uma inovação no que se refere ao recebimento da citação postal pelo profissional da portaria, na forma do artigo 248, § 4º do Código de Processo Civil.

Para que a citação entregue na portaria seja considerada válida e eficaz, afastando-se a possibilidade de eventual alegação de nulidade, convém ao credor comprovar que o réu reside em condomínio edilício ou loteamento urbano que possua funcionário responsável pelo recebimento das correspondências. Desta forma, comprova-se que o mandado de citação postal foi recebido pelo devido encarregado e não por terceiro descompromissado.

É importante perceber que, caso o funcionário da portaria receba a correspondência e não entregue ao destinatário, causando-lhe o ônus da revelia, o Condomínio poderá ser condenado ao pagamento de indenização por dano moral e material. Portanto, é indispensável que os funcionários do edilícios sejam informados e treinados para lidar corretamente com este tipo de situação.

4. DA LEGITIMIDADE PASSIVA

Um dos principais problemas com que se deparam síndicos e advogados no momento de realizar a cobrança judicial da taxa condominial é descobrir quem deve constar no polo passivo.

Em muitos condomínios, o cadastro da administradora está desatualizado o que acaba gerando atrasos para cobrança e até mesmo, em casos extremos, a prescrição.

Em regra, é necessário solicitar a certidão de ônus reais para o encaminhamento correto da demanda, de modo a evitar a extinção da ação de forma prematura e, até mesmo, evitar a imposição de ônus sucumbencial por litigar com terceiro sem relação com a lide.

Uma vez obtida a certidão de ônus reais atualizada do imóvel devedor, a administradora ou síndico podem eventualmente informar que quem consta como proprietário registral não é o atual ocupante.

Assim, existem dois cenários mais prováveis.

O primeiro se dá quando o comprador não registra a promessa de compra venda junto ao registro de imóveis (RGI) competente, provocando a desatualização da matrícula. Em 2015, o Superior Tribunal de Justiça fixou entendimento sobre a matéria, de caráter vinculante para as demais instâncias, através do tema 886. Segundo o STJ, é a relação jurídica material com o imóvel (i.e., o recebimento das chaves) que sacramenta a responsabilidade pelo pagamento das cotas.

Assim, o promitente comprador, ainda que não tenha o título registrado perante o RGI competente, é responsável pelo adimplemento da dívida a partir do momento em que usufrui das instalações condominiais.

A segunda situação se refere às alienações fiduciárias. É a hipótese na qual a posse direta do bem fica com o comprador – ocupante do imóvel – e a posse indireta pertence ao banco que concede o crédito. Ou seja: a propriedade é repartida, sendo exercida em conjunto.

De uma forma geral, o devedor fiduciário, ou seja, o ocupante do imóvel, é o responsável pelo adimplemento da dívida desde o recebimento das chaves. Neste sentido, a orientação jurisprudencial abaixo:

> TJRJ – Apelação Cível 0016677-48.2015.8.19.0205 – Apelações cíveis. Ação de cobrança de cotas condominiais. Sentença de procedência condenando a ré ao pagamento das cotas condominiais em atraso descritas na exordial e todas aquelas vencidas no curso da demanda. Apelo do condomínio autor e da proprietária Ré. Insurgência autoral quanto ao termo final das prestações vincendas e inconformismo da ré alegando a responsabilidade da construtora pelas despesas condominiais até a entrega das chaves do imóvel novo e sua imissão na posse do bem. Hipótese de contrato definitivo de compra e venda registrado no registro imobiliário, pelo qual se transmitiu a propriedade do imóvel mediante financiamento com garantia por alienação fiduciária, ocorrida após a averbação do "habite-se" e o registro da convenção do condomínio. despesas condominiais que são de responsabilidade daquele que detém a qualidade de proprietário da unidade imobiliária ou que seja titular de um dos aspectos da propriedade. ré que já se encontrava na posição de proprietária do imóvel à época das prestações inadimplidas. Situação concreta e específica dos autos em que o recebimento das chaves após o registro da compra do imóvel não tem o condão de interferir na relação jurídica entre a proprietária e o condomínio, ressalvada a possibilidade de eventual inadimplemento contratual da vendedora ser discutido pela via própria. Por outro lado, também não assiste razão ao inconformismo do condomínio autor, tendo em vista que o julgado incluiu na condenação imposta à ré as prestações vincendas eventualmente não pagas no curso do processo, o que, em última análise, coincide com a regra insculpida no art. 323 do CPC. Manutenção da sentença que se impõe. Recursos desprovidos.

Porém, é possível que o devedor de condomínio também seja devedor das taxas em favor do credor fiduciário. Neste caso, é provável que o banco credor retome a propriedade plena do imóvel, assim informando na certidão de ônus reais do imóvel.

A partir do momento em que o credor fiduciário retoma a posse direta do bem, tornando-se o legítimo proprietário da coisa, torna-se responsável pelo adimplemento da dívida condominial.

É importante destacar que, enquanto o banco credor não toma o bem para si, o comprador continua como responsável pelo adimplemento da dívida condominial; sendo possível leiloar em juízo os direitos contratuais que detém para satisfação do crédito perante o edilício. Note-se:

> Agravo interno no recurso especial. Processual civil. Bem imóvel. Taxas condominiais. Alienação fiduciária em garantia. Direitos do devedor fiduciante. Penhora. Impossibilidade. 1. Recurso especial interposto contra acórdão publicado na vigência do Código de Processo Civil de 2015 (Enunciados Administrativos 2 e 3/STJ). 2. *Não se admite a penhora do bem alienado fiduciariamente em execução promovida por terceiros contra o devedor fiduciante, visto que o patrimônio pertence ao credor fiduciário, permitindo-se, contudo, a constrição dos direitos decorrentes do contrato de alienação fiduciária. Precedentes.* 3. Agravo interno não provido. (AgInt no REsp 1840635 / SP, Agravo Interno No Recurso Especial, 2019/0291395-5, rel. Min. Ricardo Villas Bôas Cueva, Publicação em DJe 19/03/2020). (Grifo nosso).

5. RESPONSABILIDADE DO ARREMATANTE PELAS COTAS ENTRE A DATA DO LEILÃO E ARREMATAÇÃO

Todo leilão judicial é precedido por um edital, documento que estabelece as regras para a realização da praça, informado preço, data, horário, dentre outras providências. Uma das informações mais importantes que existe no edital diz respeito ao produto da arrematação.

De uma forma geral, os editais costumam prever que o valor pago quando da arrematação do bem servirá para quitar o valor da cota condominial em atraso, sub-rogando-se no preço.

Ou seja: ainda que a dívida de condomínio seja maior do que o valor atribuído ao imóvel, servirá para quitar o saldo, sem que o edilício possa exigir a complementação da dívida.

Também é no edital que costuma ser previsto o que ocorre se o arrematante demora para ser imitido na posse da coisa, pois é com o recebimento das chaves que se torna responsável pelo pagamento das cotas condominiais.

Acaso o atraso na imissão na posse ocorra por inércia do cartório, o Tribunal de Justiça do Estado do Rio de Janeiro tem acervo jurisprudencial no sentido de responsabilizar o ex-proprietário e ilegítimo ocupante da coisa. A saber:

> Ementa: Agravo de instrumento. Ação de cobrança de cotas condominiais. Execução de sentença. Executada que permaneceu na posse do imóvel alienado por largo lapso temporal, opondo resistência à imissão na posse pelo arrematante e ao levantamento do crédito pelo

exequente. Possibilidade de utilização do produto da alienação do imóvel para a quitação do débito verificado até a imissão do arrematante na posse. Recurso a que se dá provimento. (TJRJ – AI: 00567098420228190000 202200277749, Rel. Des. Carlos José Martins Gomes, Data de Julgamento: 23/03/2023, 16ª Câmara Cível, Data de Publicação: 31/03/2023).

Se, todavia, o atraso na imissão da posse ocorrer por culpa exclusiva do arrematante, este responderá com o próprio acervo patrimonial pelo adimplemento das cotas em atraso existentes entre a data da arrematação e a expedição da carta de imissão na posse.

6. REFERÊNCIAS

BRASIL. Código de Processo Civil. *Lei 13.105, de 16 de março de 2015*. Disponível em: https://www.planalto.gov.br/ccivil_03/_ato2015-2018/2015/lei/l13105.htm.

BRASIL. AgInt no REsp 1840635 / SP, Agravo Interno No Recurso Especial, 2019/0291395-5, rel. Min. Ricardo Villas Bôas Cueva, Publicação em DJe 19/03/2020.

BRASIL. TJRJ, Apelação 0007821- 73.2017.8.19.0028, Rel. Des. Lúcio Durante, Julgamento: 11/06/2019, 19ª Câmara Cível.

BRASIL. TJRJ, AI: 00567098420228190000 202200277749, Rel. Des. Carlos José Martins Gomes, Data de Julgamento: 23/03/2023, 16ª Câmara Cível, Data de Publicação: 31/03/2023.

ATUAÇÃO EXTRAJUDICIAL NO COMBATE À INADIMPLÊNCIA

Marisa Dreys

Mestra em Antropologia Social, Doutoranda em Direito e Sociologia pela UFF. Pós-graduada em Direito Imobiliário. Especialista em Justiça Criminal e Segurança Pública. Vice-Presidente da Comissão de Direito Imobiliário e Condominial da 55ª Subseção – Méier. Associada ao IBRADIM – Instituto Brasileiro de Direito Imobiliário e Membro da Comissão Condominial/RJ e Direito Imobiliário Nacional da Associação Brasileira de Advogados – ABA. Sócia do escritório Arechavala Advogados. Advogada.

Cristiani Souza

Formada em direito pela Unigranrio. Especialista em direito cível pela Faculdade de Direito da Fundação Escola Superior do Ministério Público. Em 18 anos atuando no setor jurídico, passei por diversos cargos, inclusive sócia do escritório Arechavala Advogados, atuando na bancada de cobrança.

Sumário: 1. Introdução – 2. Cobrança como obrigação do síndico – 3. Métodos – 4. Instrumento para os acordos extrajudiciais – 5. Honorários advocatícios em cobranças extrajudiciais – 6. Referência bibliográfica.

1. INTRODUÇÃO

A vida em condomínio, como forma de moradia nos centros metropolitanos tem se mostrado tanto mais comum quanto desafiadora na atualidade. O condomínio é capaz de oferecer uma estrutura de conforto e segurança que facilita sobremaneira a vida nas cidades. A disponibilidade de vagas de garagem, opções de lazer e esportes e a possibilidade de formação de relações sociais são pontos que levam à tomada de decisão por este tipo de moradia.

Cabe salientar que apartamentos em condomínios existem em variadas faixas de preço em diversos locais da cidade, em bairro mais ricos ou em localidades mais humildes, com pouca infraestrutura e em áreas menos valorizadas. Os condomínios podem ser formados por casas e terrenos ou por prédios, estes últimos denominados condomínios edilícios.

Tanto nos condomínios edilícios quanto nos condomínios de casas, todos os confortos oferecidos aos condôminos têm um custo, o qual deve ser rateado entre os proprietários, de maneira suficiente para manter o condomínio em funcionamento e gerar um fundo de reserva para eventuais necessidades.

Assim, quanto maior a estrutura e disponibilidade de serviços, maior será a quantidade de funcionários envolvidos e maior custo. A mesma lógica vale para os confortos oferecidos, como por exemplo: existência de piscina, que no caso de ser aquecida gera custo a mais com gás, parquinho de brinquedos para crianças, que demanda constantes manutenções, existência de um número maior ou menor de elevadores mantidos ligados, contratação de profissionais como jardineiros, auxiliares de manutenção, são custos que compõem o funcionamento do condomínio e devem ser cobertos pela cota condominial.

Diante do exposto, é fácil perceber que a cota condominial é um rateio para a manutenção da estrutura do próprio condomínio, sendo disposição legal expressa no art. 12 da Lei 4591/1964:

Art. 12. Cada condômino concorrerá nas despesas do condomínio, recolhendo, nos prazos previstos na Convenção, a quota-parte que lhe couber em rateio.

Nesse sentido, a cota condominial não existe com o objetivo de arrecadar grandes somas, muito menos obter lucros. Assim, a contribuição de cada unidade é fundamental para a saúde financeira e funcionamento do condomínio.

2. COBRANÇA COMO OBRIGAÇÃO DO SÍNDICO

A cobrança da cota condominial é uma das principais responsabilidades do síndico, conforme previsão expressa no Art. 1.348, VII – cobrar dos condôminos as suas contribuições, bem como cobrar as multas devidas.

Obviamente, a previsão legal não explicita a forma com que a cobrança deve ser realizada, mas assim como todos os serviços prestados ao condomínio, indica-se a contratação de uma empresa ou escritório especializado com a presença de advogado, a fim de garantir a segurança jurídica.

3. MÉTODOS

A cobrança extrajudicial deve ser sempre o passo inicial diante da inadimplência da unidade. É uma medida conciliatória e mais econômica para o condomínio, que sem arcar com custas judiciais consegue recuperar o crédito através de acordos para pagamentos.

Cada condomínio deve decidir como deseja que a sua cobrança seja realizada, pois não existe previsão legal para forma e nem para o prazo em que deva ser iniciada até o efetivo pagamento.

Nesse sentido, algumas decisões de ordem prática ajudam muito a operação de recuperação de crédito, como a organização e o estabelecimento de diferentes formas de comunicação com o inadimplente, a partir da data de vencimento da cota. Podem ser usadas de maneira escalonada, diferentes meios de alcance para comunicação com o devedor, entre eles a cobrança por mensagens instantâneas, ligações telefônicas, envio de e-mails ou cartas de cobrança, sempre mantendo o cuidado de não incorrer em excesso. Em condomínios com uma alta taxa de inadimplência, recomenda-se que seja feito um mapeamento dos créditos a receber e seja traçada uma estratégia para a mais rápida redução do déficit condominial.

Um dos principais problemas com que se deparam síndicos e advogados no momento da cobrança da taxa condominial é descobrir quem é o proprietário do imóvel.

Na maior parte das vezes, em condomínios mais antigos, o cadastro da administradora está desatualizado o que acaba gerando atrasos para cobrança e até mesmo, em casos extremos, a prescrição. Não é raro que seja necessário obter uma certidão de ônus reais para o encaminhamento correto da demanda. Apesar de ser uma cobrança extrajudicial, em caso de inadimplemento é preciso lembrar que o título gerado deverá ser passível de execução e nele deve constar o polo passivo correto para que, diante de uma possível execução, a ação não seja extinta gerando prejuízos ao condomínio.

Ainda sobre os casos em que não fica claro quem figuraria no polo passivo da cobrança, vale lembrar o tema repetitivo 886 do STJ, que traz a controvérsia sobre quem tem a legitimidade – vendedor ou adquirente – para responder por dívidas condominiais quando da alienação realizada com compromisso de compra e venda não levado à registro. A tese firmada é a de que a responsabilidade cabe àquele que com o imóvel tem relação jurídica material representada pela imissão na posse e pela ciência inequívoca do condomínio acerca da transação.

No que se refere as alienações fiduciárias, no caso específico em que a propriedade não foi consolidada e permanece em nome do devedor, o que deve se pleitear em juízo são os direitos decorrentes do contrato de alienação fiduciária, conforme posição consolidada do STJ:

> Agravo interno no recurso especial. Processual civil. Bem imóvel. Taxas condominiais. Alienação fiduciária em garantia. Direitos do devedor fiduciante. Penhora. Impossibilidade. 1. Recurso especial interposto contra acórdão publicado na vigência do Código de Processo Civil de 2015 (Enunciados Administrativos 2 e 3/STJ). 2. *Não se admite a penhora do bem alienado fiduciariamente em execução promovida por terceiros contra o devedor fiduciante, visto que o patrimônio pertence ao credor fiduciário, permitindo-se, contudo, a constrição dos direitos decorrentes do contrato de alienação fiduciária. Precedentes.* 3. Agravo interno não provido. (AgInt no REsp 1840635 / SP, Agravo Interno No Recurso Especial, 2019/0291395-5, Relator Ministro Ricardo Villas Bôas Cueva, Publicação em DJe 19/03/2020).

Esclarecidos esses pontos importantes, abordaremos agora os acordos extrajudiciais e suas questões práticas.

4. INSTRUMENTO PARA OS ACORDOS EXTRAJUDICIAIS

É muito comum que na seara condominial sejam realizados acordos para pagamento de cotas divididos em muitas parcelas, tendo em vista os altos valores eventualmente envolvidos e a permanência desta despesa na vida do condômino, fazendo com que haja uma sobreposição da obrigatoriedade do pagamento da taxa condominial mensal com as parcelas do acordo.

Cabe pontuar que a quantidade de parcelas, em caso de parcelamento extenso deve ser discutida com o síndico, com o conselho e em casos extremos, até mesmo levado à assembleia de condôminos, pois apesar de reconhecer a necessidade de um parcelamento mais extenso, este mesmo motivo pode aumentar a possibilidade de inadimplemento.

O acordo para pagamento é um ajuste de vontade entre partes, de início. Todavia, cabe destacar que ao celebrar o acordo, o síndico fica restrito a agir dentro do que lhe permite a lei, sem fazer concessões no valor, como exclusão de multa e juros, estando esse último disposto no art. 389 do Código Civil. Esta prática vai de encontro ao próprio art. 1.348, VII.

O que pode ser feito quando o devedor insiste em negociar propondo o não pagamento da multa é levar a questão à assembleia de condôminos e deixar que deliberem, aprovando ou não o pleito do inadimplente.

O instrumento que se utiliza nestes casos é a celebração de um acordo, que assume o formato de confissão de dívida e cumpre os requisitos do título executivo: liquidez, certeza e exigibilidade- art. 783 do CPC, sendo assinado pelo devedor, pelo credor e por mais duas testemunhas. Em caso de inadimplemento, o acordo pode ser executado, ou seja, sem passar pela fase de conhecimento do processo.

Vale destacar recente alteração legislativa disposta no diploma processual, no que se refere a títulos executivos. O legislador dispôs o seguinte no § 4º do art. 784:

Nos títulos executivos constituídos ou atestados por meio eletrônico, é admitida qualquer modalidade de assinatura eletrônica prevista em lei, dispensada a assinatura de testemunhas quando sua integridade for conferida por provedor de assinatura.

A despeito da facilidade, não há indicativo na jurisprudência sobre quais provedores de assinatura são aceitos nos tribunais, razão pela qual se sugere cautela e verificação junto ao respectivo órgão julgador sobre quais certificadoras eletrônicas são aceitas.

Uma dúvida muito comum no âmbito condominial é sobre a legitimidade passiva para a celebração do acordo. É possível a celebração do acordo para pagamento das cotas condominiais em atraso com alguém que não seja o proprietário do imóvel? A resposta é que não existe vedação jurídica, sendo viabilizado pelos artigos 304, 305 e 306 do diploma civil.

Todavia, é preciso lembrar que em caso de inadimplemento e execução, estaria perdida a garantia do imóvel em nome do devedor, eis que esse acordo assume caráter de obrigação pessoal e não real, afastando-se a o disposto no art. 1.345 do diploma civil e as demais características inerentes às obrigações reais.

Art. 1.345. O adquirente de unidade responde pelos débitos do alienante, em relação ao condomínio, inclusive multas e juros moratórios.

Como em outras demandas no direito, sendo estes meros conflitos ou lides, a autocomposição entre as partes deve ser sempre proposta e estimulada, com os meios disponíveis.

O tempo para a resolução de uma lide é na maioria das vezes muito maior do que a celebração de um possível acordo sem contar o custo material e emocional para todos os envolvidos. Assim, os advogados e síndicos que alcançam a recuperação de créditos na seara extrajudicial devem considerar que seus esforços foram válidos e que ganharam a causa, trazendo benefícios aos condôminos da forma mais econômica e eficaz possível.

5. HONORÁRIOS ADVOCATÍCIOS EM COBRANÇAS EXTRAJUDICIAIS

Ao celebrar o acordo extrajudicial, evidentemente o advogado empregou sua equipe, seu tempo, equipamentos e melhores técnicas jurídicas a fim de obter este benefício para o cliente. Efetivamente, o trabalho foi realizado e de maneira eficaz.

Causa estranheza que atualmente haja quem discuta o pagamento de honorários advocatícios que tenham como nascedouro o descumprimento de obrigações, com ou sem propositura de ação judicial. É previsão expressa no Código Civil, em seus artigos 395 e 389 e a base de 10% comumente utilizada no mercado condominial figura na tabela de honorários da OAB.

6. REFERÊNCIA BIBLIOGRÁFICA

NEGRÃO, Theotonio; GOUVÊA, José Roberto F.; BONDIOLI, Luís Guilherme A.; FONSECA, Joao Francisco N. da. *Código Civil e legislação civil em vigor*. 37. ed. São Paulo: Saraiva Educação, 2019.

NERY JUNIOR, Nelson; NERY, Rosa Maria de Andrade. *Código de Processo Civil comentado*. São Paulo: Ed. RT, 2017.

MEDIAÇÃO E ARBITRAGEM NO TRATAMENTO ADEQUADO DOS CONFLITOS CONDOMINIAIS: MÉTODOS EFICIENTES E SUSTENTÁVEIS

Anamaria Malle

Especialista em Direito Imobiliário e Condominial. Mediadora Judicial do TJRJ. Membro da Comissão de Direito Condominial da Associação Brasileira de Advogados do Rio de Janeiro – ABA/RJ. Sócia do escritório Gutman e Silva Advogados. Consultora da empresa IT DOC Soluções Imobiliárias. Sócia fundadora da empresa Mallet Gestão Imobiliária Ltda. Síndica profissional. Vice-Presidente da Comissão de Práticas Colaborativas da OAB/RJ. Presidente Estadual do Rio de Janeiro do Instituto Brasileiro de Práticas Colaborativas – IBPC. Presidente da UNIMERJ – Associação dos Mediadores do Estado do Rio de Janeiro. Graduada em Direito pela UCAM – Universidade Candido Mendes. Pós-Graduada em Direito Imobiliário pela ABADI – Associação Brasileira das Administradoras de Imóveis. Pós-Graduada em Gestão de Negócios pelo IBMEC. Pós-Graduada em Direito do Consumidor pela EMERJ – Escola de Magistratura do Estado do Rio de Janeiro. Advogada.

Sumário: 1. Introdução – 2. Desafios enfrentados na seara condominial – 3. Aspectos gerais da desjudicialização do tratamento dos conflitos condominiais – 4. Mediação: construindo soluções em conjunto; 4.1 Definição e características da mediação; 4.2 A mediação condominial – 5. Arbitragem: acelerando o processo de resolução do conflito; 5.1 Arbitragem condominial – 6. Comparação entre mediação e arbitragem no tratamento dos conflitos condominiais – 7. Conclusão – 8. Referências bibliográficas.

1. INTRODUÇÃO

A resolução de conflitos condominiais desempenha papel de fundamental importância na manutenção da convivência saudável e harmoniosa entre os condôminos. Enquanto comunidades no seio das quais pessoas compartilham espaços e interesses comuns, também há, nos condomínios, divergências de opiniões e coexistência de necessidades individuais heterogêneas. Dessas dissidências podem resultar a deflagração de conflitos de diversas naturezas, gerando tensões permanentes e deteriorando relações interpessoais continuadas.

O tratamento adequado dos conflitos contribui para a preservação de um ambiente de respeito mútuo, cooperação e solidariedade entre os condôminos, propiciando o restabelecimento e a manutenção do bem-estar e da boa convivência.

Do ponto de vista da gestão condominial, é possível elencar inúmeros impactos positivos da eleição de métodos fora do aparelho jurisdicional. A resolução ágil e eficiente dos conflitos contribui para a eficácia da administração do condomínio. A celeridade na solução das disputas evita desgastes desnecessários e permite a redução dos custos relacionados a processos judiciais prolongados. Com isso, a administração pode concentrar seus esforços em questões mais prioritárias e no cumprimento adequado de suas responsabilidades.

Nesse contexto, há de se dar especial destaque à mediação, que tende a ser consideravelmente mais eficaz na preservação do relacionamento entre os envolvidos, na medida em que se propõe a fomentar o diálogo e a solucionar conflitos de forma mais flexível, minimizando desgastes emocionais geralmente causados por processos judiciais. Ao incentivar a participação ativa dos condôminos na busca de opções para solução do conflito, inserindo os envolvidos no processo de tomada de decisões, a mediação promove a colaboração, a construção conjunta de soluções e o fortalecimento da comunidade condominial.

O tratamento adequado de conflitos condominiais, quer pela via da mediação ou da arbitragem, a depender das especificidades de cada caso concreto, exerce função primordial na promoção e manutenção do convívio harmonioso, na eficiência da gestão condominial e na preservação da qualidade de vida dos condôminos. Pela adoção de métodos não judiciais, os condomínios podem alcançar soluções mais céleres, satisfatórias e duradouras, fortalecendo os laços entre os moradores e construindo um ambiente condominial mais saudável e sustentável.

Neste ensaio, abordaremos os inúmeros desafios com os quais costumam se deparar os condomínios e seus condôminos. Em seguida, trataremos dos aspectos gerais da desjudicialização do tratamento dos conflitos condominiais, com especial enfoque para as vantagens da mediação e da arbitragem em comparação com o processo judicial adjudicatório. Daremos sequência aos estudos do tema a partir da definição e características específicas da mediação e das diretrizes que regulam o desempenho da função do mediador. Ainda no quarto capítulo, trataremos das especificidades da mediação condominial enquanto método adequado de tratamento dessa ordem de conflitos. O quinto capítulo é dedicado ao estudo dos atributos gerais da arbitragem e do exercício da função do árbitro, abordando, em subtópico específico, as vantagens da arbitragem condominial a partir de exemplos práticos. No capítulo subsequente, faremos um cotejo entre a mediação e a arbitragem no tratamento das controvérsias condominiais, comparando as diferenças e semelhanças entre os dois métodos do ponto de vista dos princípios regentes, da flexibilidade procedimental, da atuação do terceiro imparcial e do grau de autonomia e participação das partes envolvidas na tomada de decisões.

2. DESAFIOS ENFRENTADOS NA SEARA CONDOMINIAL

A esfera condominial apresenta uma série de desafios capazes de impactar a convivência e a gestão eficiente dos condomínios. Enquanto espaço integrado por pessoas distintas, cada qual com suas individualidades, opiniões e interesses, os condomínios podem ser palco de inúmeras desavenças interpessoais, tais como divergências sobre regras de convivência, utilização das áreas comuns, ruídos excessivos, animais de estimação, entre outros. A gestão desses conflitos requer habilidades de comunicação, negociação e mediação, de forma que se possa alcançar soluções que sejam justas e atendam, na medida do possível, a todos os envolvidos.

Outro desafio recorrente enfrentado pelos condomínios é a inadimplência no pagamento de taxas condominiais, devidas por força do art. 1.336 do Código Civil. O descumprimento das obrigações financeiras pelos condôminos pode afetar diretamente a administração e manutenção do condomínio. Por essa razão, é essencial que sejam adotadas medidas eficazes e aptas ao controle da inadimplência, tais como políticas de cobrança, acordos de pagamento e, em casos extremos, o manejo de ação judicial para recuperação dos valores inadimplidos.

A manutenção adequada das áreas comuns também representa um dos grandes desafios com o qual se deparam os condomínios. Dentre as tarefas necessárias para que o condomínio adequadamente se desincumba desse dever estão a contratação de serviços de manutenção, a realização de reparos, o planejamento de obras, o controle de qualidade dos serviços prestados e as constantes demandas de conservação e atualização das áreas comuns.

Cada condomínio possui um conjunto de regras e regulamentos que visam a garantir a convivência harmoniosa entre os condôminos. No entanto, é necessário estabelecer mecanismos eficazes de fiscalização e aplicação de penalidades em caso de infração, de modo a garantir o cumprimento dessas normas e propiciar um equilíbrio entre o respeito às individualidades e a satisfação do interesse coletivo.

Para enfrentar esses desafios, é importante que haja uma gestão condominial eficiente, que promova a transparência, a comunicação aberta e a busca por soluções desjudicializadas e preferencialmente consensuais. A adoção de métodos de resolução de conflitos que não envolvam o processamento da questão pela máquina judiciária, tais como a mediação e a arbitragem, pode se afigurar consideravelmente mais eficaz no tratamento de disputas e desentendimentos condominiais, proporcionando o alcance de soluções mais céleres, econômicas e amplamente satisfatórias.

3. ASPECTOS GERAIS DA DESJUDICIALIZAÇÃO DO TRATAMENTO DOS CONFLITOS CONDOMINIAIS

Com a crescente demanda judicial, especialmente em áreas urbanas, o Poder Judiciário enfrenta sobrecarga de processos, resultando na ineficiência da prestação da tutela jurisdicional. Nesse contexto, o processo judicial adjudicatório nem sempre se afigura adequado para a pacificação de disputas condominiais, decorrentes dos desafios e complexidades inerentes à convivência em comunidade e ao compartilhamento de espaços físicos.

De maneira geral, a mediação e a arbitragem tendem a ser mais céleres e eficazes do que o processo judicial, resguardando as partes da demora, da burocracia e dos elevados custos associados ao processamento dos casos nos tribunais.

Além disso, a natureza colaborativa dos métodos não adversariais favorece a preservação dos relacionamentos entre os envolvidos no conflito. Ao invés do confronto típico dos processos judiciais, a mediação promove o restabelecimento do diálogo, a escuta ativa e a busca por soluções mutuamente satisfatórias, preservando relacionamentos continuados após a resolução da desavença. Segundo explica Tânia Almeida,

> A escuta ativa apoia-se no tripé legitimação, balanceamento e perguntas e tem por objetivos: (i) oferecer uma qualidade de interlocução cujo acolhimento possibilite que as pessoas se sintam legitimadas em seus aportes e participação; (ii) conferir equilíbrio entre dar voz e vez aos integrantes da conversa e viabilizar uma escuta que inclua o ponto de vista do outro; (iii) oferecer perguntas que gerem informação, propiciem progresso e movimento ao processo de Mediação.[1]

Os métodos consensuais proporcionam maior flexibilidade para as partes envolvidas construírem soluções de acordo com suas necessidades específicas. Ao contrário do processo judicial, em que uma decisão é imposta pelo juiz, a mediação permite que as partes participem ativamente na definição das soluções, resultando em acordos mais personalizados, satisfatórios e adequados às particularidades de cada caso concreto.

A confidencialidade constitui um dos mais importantes princípios da mediação, sendo também aplicável à arbitragem, quando assim estabelecido pelas partes ou explicitado regulamento da instituição arbitral eleita. As discussões e informações compartilhadas durante as sessões são estritamente confidenciais, oferecendo maior segurança e privacidade aos envolvidos. Isso pode ser especialmente relevante em casos sensíveis ou associados a questões particulares dos condôminos.

---

1. ALMEIDA, Tania. *Caixa de ferramentas em mediação*: aportes práticos e teóricos. 7. ed. São Paulo: Dash, 2020. p. 66-67.

MEDIAÇÃO E ARBITRAGEM NO TRATAMENTO ADEQUADO DOS CONFLITOS CONDOMINIAIS 121

Nesse sentido, importante registrar a lição de Fernanda Tartuce, conforme a qual:

A mediação pode ser uma técnica adequada de gestão do conflito por ensejar um procedimento discreto, informal e flexível. A postura litigiosa adotada em juízo, aliada à publicidade inerente aos processos judiciais, pode gerar ainda mais acirramento na relação litigiosa, razão pela qual a mediação pode ser vista como importante mecanismo para atender ao conteúdo do enunciado supra. Garantir a intimidade e a inviolabilidade da vida privada dos vizinhos é tarefa que pode ser mais bem desenvolvida pela mediação do que pela jurisdição estatal clássica.[2]

A rigor, a necessidade de desjudicialização da resolução de disputas na seara condominial decorre do dever de se conferir a essa espécie de conflitos tratamento adequado, seguindo-se as diretrizes da Política de Tratamento Adequado de Conflitos implementada pela Res. 125/2010 do Conselho Nacional de Justiça. A implementação dessa política pública judiciária está associada à concepção do acesso à justiça em sentido substancial, que significa, na expressão cunhada por Kazuo Watanabe, a garantia de "acesso à ordem jurídica justa". Nas palavras do autor:

O princípio de acesso à Justiça, inscrito no inc. XXXV do art. 5.º da CF/1988, não assegura apenas acesso formal aos órgãos judiciários, e sim um acesso qualificado que propicie aos indivíduos o acesso à ordem jurídica justa, no sentido de que cabe a todos que tenham qualquer problema jurídico, não necessariamente um conflito de interesses, uma atenção por parte do Poder Público, em especial do Poder Judiciário. Assim, cabe ao Judiciário não somente organizar os serviços que são prestados por meio de processos judiciais, como também aqueles que socorram os cidadãos de modo mais abrangente, de solução por vezes de simples problemas jurídicos, como a obtenção de documentos essenciais para o exercício da cidadania, e até mesmo de simples palavras de orientação jurídica. Mas é, certamente, na solução dos conflitos de interesses que reside a sua função primordial, e para desempenhá-la cabe-lhe organizar não apenas os serviços processuais como também, e com grande ênfase, os serviços de solução dos conflitos pelos mecanismos alternativos à solução adjudicada por meio de sentença, em especial dos meios consensuais, isto é, da mediação e da conciliação.[3]

Isso quer dizer que se deve buscar para cada espécie de conflito – e a partir de suas especificidades – o método de tratamento que se afigure mais adequado. Nesse contexto, a mediação e a arbitragem surgem como vias mais eficientes, ágeis e colaborativas, oferecendo soluções personalizadas, preservando relacionamentos e contribuindo para a redução de recursos e para a desburocratização na resolução dos conflitos condominiais.

---

2. TARTUCE, Fernanda. *Mediação dos conflitos civis*. 6. ed. Rio de Janeiro: Forense, 2021. p. 352.
3. WATANABE, Kazuo. Política Pública do Poder Judiciário nacional para tratamento adequado dos conflitos de interesses. *Revista de Processo*, São Paulo, v. 195, p. 381-389, maio. 2011.

4. MEDIAÇÃO: CONSTRUINDO SOLUÇÕES EM CONJUNTO

4.1 Definição e características da mediação

Trata-se a mediação de um método não adversarial de resolução de conflitos que visa a facilitar o diálogo entre os envolvidos, de tal forma que, a partir de mútuas concessões, seja possível, de forma colaborativa, a construção de uma solução que seja mutuamente vantajosa.

Segundo ensina Adolfo Braga Neto, a mediação "constitui-se fruto de uma tendência liberal em escala mundial, com a retirada cada vez maior do Estado nos assuntos afetos aos interesses dos particulares". Em seu sentir, "resulta do reconhecimento da plenitude do cidadão como objeto de deveres e direitos, que por si só poderá melhor administrar, transformar ou resolver seus próprios conflitos". Para o autor, a implementação de uma política pública judiciária para tratamento adequado das controvérsias é fruto "da constatação de que fórmulas tradicionais formais de resolução de controvérsias não mais satisfazem os usuários do sistema", pois estes "cada vez mais se envolvem em conflitos de distintas naturezas e formas diante da complexidade das inúmeras interrelações existentes nos tempos pós-modernos".[4]

Para a realização da mediação, a voluntariedade constitui condição inexorável. O escopo dessa diretriz é promover um ambiente de colaboração, em que todos efetivamente concordem em participar da sessão de mediação e se comprometam a lançar esforços para a busca de uma solução amigável e mutuamente satisfatória.

Em termos financeiros, a mediação também se revela bastante vantajosa. Em comparação com a solução judicial, as despesas com a mediação são significativamente menores do que os gastos associados a um processo judicial, especialmente se considerados os honorários de sucumbência e as custas judiciais.

As sessões de mediação são conduzidas por um mediador, cuja função é auxiliar as partes, mediante o emprego de ferramentas adequadas de mediação, para o restabelecimento do diálogo e a identificação dos interesses e necessidades em jogo, gerando a autonomia necessária para que, por si mesmas, encontrem a solução do conflito que lhes envolva. O mediador deve ser imparcial e neutro, não podendo ter interesses pessoais no resultado da mediação, tomar partido de alguma das partes ou emitir opiniões sobre quem está certo ou errado. Seu

---

4. BRAGA NETO, Adolfo. Aspectos relevantes sobre mediação de conflitos. *Doutrinas Essenciais Arbitragem e Mediação*, São Paulo, v. 6, p. 401-420, set. 2014.

papel é facilitar a comunicação entre os envolvidos e garantir que cada um tenha a oportunidade de se expressar e ser ouvido.

Além da confidencialidade, de que já se tratou anteriormente, a mediação é pautada pelos princípios da autonomia e do empoderamento dos envolvidos no processo de tomada de decisão. Ao contrário do processo judicial e da própria arbitragem, em que a decisão é imposta por um terceiro, seja juiz ou árbitro, na mediação, os envolvidos são estimulados a criar suas próprias soluções, levando em consideração as necessidades, interesses e valores em causa.

Para tanto, o mediador deve auxiliar as partes a identificarem seus interesses subjacentes, constituídos pelas necessidades, preocupações e vontades que estão na retaguarda das posições defendidas. Ao compreenderem os interesses mútuos e individuais, as partes são incentivadas a buscar soluções criativas que atendam a todos de forma abrangente (art. 2.º, VI, da Lei 13.140/2015).

A mediação, portanto, é pautada pela flexibilidade, adaptando as respostas que dela se podem extrair às necessidades e particularidades de cada conflito. O mediador possui habilidades para ajustar a abordagem de acordo com a dinâmica das partes, incentivando a escuta ativa, o respeito mútuo e a colaboração. Isso permite que a mediação seja aplicada em uma ampla gama de contextos e disputas.

Uma vez alcançado o consenso, cumpre também ao mediador auxiliar os envolvidos na redação do acordo final. Ele deve assegurar a clareza e a compreensão do documento, garantindo que reflita adequadamente as decisões tomadas pelas partes. O mediador também ajuda a prever contingências e a estabelecer mecanismos de acompanhamento para garantir a implementação e o cumprimento do acordo.

4.2   A mediação condominial

No campo específico dos conflitos condominiais, a mediação oferece uma série de benefícios tanto aos condomínios quanto aos condôminos envolvidos. A mediação tende a favorecer a reconstrução do relacionamento e a preservação da harmonia entre as partes, na medida em que promove o diálogo construtivo e a busca por soluções mutuamente satisfatórias, evitando os desgastes nas relações interpessoais comuns às soluções adversariais.

Segundo doutrina Fernanda Tartuce,

> Especialmente no condomínio edilício, revela-se fundamental a existência de eficientes canais de comunicação entre os condôminos. Dada sua situação de comunhão de direitos e obrigações, pode ser valioso o emprego da mediação como ferramenta para o estabelecimento de uma convivência saudável entre os indivíduos. Vale lembrar que, dentre as atribuições do

síndico e das administradoras de condomínio, é essencial haver a abordagem democrática das controvérsias instaladas entre os indivíduos, razão pela qual crescem o interesse na adoção da mediação nesse contexto.[5]

Durante a sessão de mediação condominial, a comunicação eficaz e empática desempenha papel fundamental na construção de um ambiente propício à resolução dos conflitos e na promoção do entendimento recíproco.

Quando as partes sentem que estão sendo verdadeiramente ouvidas e compreendidas, sentem-se mais propensas ao compartilhamento sincero de seus interesses, necessidades e preocupações. Isso cria um ambiente seguro e colaborativo, propício para a busca de soluções que se afigurem mutuamente satisfatórias.

A comunicação empática permite que as partes expressem suas emoções de maneira adequada e que sejam corretamente compreendidas pelos interlocutores. Ao ouvir ativamente, as partes envolvidas podem reconhecer e validar as emoções umas das outras, reduzindo a tensão, aprimorando a compreensão mútua e incentivando a colaboração e a cooperação entre as elas.

A comunicação eficaz e empática reconhece e respeita as diferenças existentes entre experiências, perspectivas e valores particulares de cada sujeito. Ao valorizar a diversidade e ao ouvir atentamente as diferentes vozes, a mediação pode explorar soluções que levem em consideração a multiplicidade de interesses e necessidades presentes no condomínio.

No plano concreto, a mediação costuma ser bastante eficaz no tratamento de conflitos entre vizinhos em condomínios e também naqueles deflagrados entre condomínios e condôminos. Na alocação de vagas de estacionamento, por exemplo, a mediação pode auxiliar na negociação de acordos sobre horários, prioridades ou outras medidas para resolver tais problemas de forma equitativa e satisfatória para todos.

Quando surgem divergências em relação a reformas ou melhorias em áreas comuns ou unidades privativas, a mediação pode desempenhar papel crucial na negociação de acordos. O mediador auxilia as partes na identificação de interesses subjacentes, na comunicação eficaz e na busca de soluções que atendam tanto aos interesses dos proprietários quanto às regras e regulamentos do condomínio.

Nas disputas relacionadas a questões financeiras, como inadimplência de taxas condominiais, uso inadequado de fundos ou questionamentos sobre despesas, a mediação também pode ser extraordinariamente vantajosa. O mediador pode auxiliar as partes na compreensão dos diferentes pontos de vista, na exploração

---

5. TARTUCE, Fernanda. *Mediação dos conflitos civis*. 6. ed. Rio de Janeiro: Forense, 2021. p. 352.

de opções de pagamento e na elaboração de acordos financeiramente viáveis e satisfatórios.

Outra espécie de conflito na qual a mediação pode se afigurar bastante eficaz é aquela deflagrada entre síndico e condôminos, facilitando o diálogo entre as partes, permitindo que expressem suas preocupações e interesses, bem como auxiliando na busca de soluções que melhorem a gestão e a convivência no condomínio.

Disputas que não recebem adequado tratamento podem gerar rupturas definitivas nas relações interpessoais, prejudicando a harmonia e o bem-estar condominiais. Por isso, a mediação desempenha papel essencial no tratamento dessa categoria de conflitos, restabelecendo o diálogo e promovendo a preservação dos relacionamentos continuados e a construção de uma convivência pacífica.

5. ARBITRAGEM: ACELERANDO O PROCESSO DE RESOLUÇÃO DO CONFLITO

A arbitragem é um método heterocompositivo de resolução de conflitos, que se propõem a oferecer uma abordagem mais célere, flexível e especializada no tratamento de controvérsias condominiais. Resultado do exercício da autonomia da vontade, a arbitragem permite que as partes em conflito submetam suas questões a um árbitro ou a um painel de árbitros imparciais, desde que versem direitos disponíveis de caráter patrimonial (art. 1.º da Lei 9.307/1996).[6]

O procedimento arbitral é regido por um conjunto de regras acordadas pelas partes, que têm a oportunidade de escolher um árbitro com conhecimento especializado. Essa prática garante que o árbitro tenha experiência e compreensão aprofundada das questões específicas enfrentadas pelos condomínios. A escolha costuma ser baseada na experiência, conhecimento e imparcialidade do árbitro. Em alguns casos, as partes podem recorrer a uma instituição arbitral, que designará um árbitro qualificado para o caso.

A arbitragem permite maior flexibilidade na condução do processo, pois as partes podem acordar prazos mais curtos para apresentação de documentos, evitando formalidades excessivas e focando diretamente nas questões-chave em disputa.

As audiências na arbitragem tendem a ser mais eficientes em termos de tempo. O árbitro tem maior controle sobre a condução da audiência e pode adotar medidas para garantir que o procedimento seja focado e direcionado para os aspectos essenciais do conflito. Além disso, incumbe ao árbitro analisar as

---

6. A respeito, cf. WAMBIER, Luiz Rodrigues; TALAMINI, Eduardo. *Curso avançado de processo civil*: Teoria geral do processo. 21. ed. São Paulo: Thomson Reuters Brasil, 2022. p. 128.

evidências apresentadas e proferir uma decisão fundamentada dentro do prazo determinado pelas partes, evitando atrasos e prolongamentos desnecessários.

Como já indicado linhas atrás, a arbitragem também pode ser regida pela confidencialidade, sempre que as partes assim acordarem ou que haja previsão a respeito no regulamento da instituição arbitral por elas escolhida. Isso pode ser particularmente importante em disputas condominiais, onde a privacidade dos moradores e a reputação do condomínio são considerações relevantes, evitando a exposição pública associada à submissão da controvérsia ao aparelho jurisdicional.

Observe-se, contudo, que, em certas circunstâncias específicas, a confidencialidade da arbitragem pode ser limitada ou sujeita a exceções legais. Por exemplo, se a divulgação de informações for exigida por lei ou se as partes concordarem com a divulgação de certas informações, a confidencialidade pode ser mitigada. Por isso, é essencial que as partes estejam cientes das exceções e compreendam adequadamente seus direitos e obrigações em relação à confidencialidade durante o procedimento arbitral. A respeito da confidencialidade na arbitragem, leciona Carlos Alberto Salles:

A confidencialidade pode ter vários graus e, também, variável extensão, dependendo da vontade das partes. Pode dizer respeito à própria existência da arbitragem, a seu resultado, a documentos ou informações especificados e atuar em relação a determinadas pessoas, situações, entidades ou instituições. Em geral, no entanto, esse atributo é genericamente relacionado aos procedimentos de arbitragem.

A preferência por procedimentos sigilosos é facilmente compreensível. Visam a preservar as partes e seus interesses do conhecimento público. A existência de uma disputa e a divulgação de suas peculiaridades pode atingir a reputação de uma pessoa ou empresa e prejudicar-lhe os negócios. Convém, portanto, mantê-la fora do conhecimento geral, impedindo que uma desavença, muitas vezes pontual, tenha repercussão negativa sobre interesses globais das partes.[7]

Exige-se que a partes conflitantes concordem em submeter a disputa que lhes envolve à arbitragem. Essa escolha pode ser realizada no bojo do contrato principal, mediante a inserção de cláusula compromissória que submeta à arbitragem eventual conflito que venha a se estabelecer naquela determinada relação jurídica, ou por meio de compromisso arbitral, convencionado pelas partes quando já deflagrado o conflito.

---

7. SALLES, Carlos Alberto de. Introdução à arbitragem. *In:* SALLES, Carlos Alberto de; LORENCINI, Marco Antônio Garcia Lopes; SILVA, Paulo Eduardo Alves da. *Negociação, mediação, conciliação e arbitragem*: curso de métodos adequados de solução de controvérsias. 3. ed. Rio de Janeiro: Forense, 2020. p. 257.

Instaurado o procedimento arbitral, as partes apresentam suas alegações, argumentos e evidências ao árbitro ou ao painel de árbitros. Isso geralmente é feito através de troca de documentos escritos, mas também pode incluir audiências nas quais as partes têm a oportunidade de apresentar oralmente seus apontamentos.

A audiência permite que as partes formulem seus argumentos e respondam a perguntas feitas pelo árbitro. A natureza e o formato da audiência podem variar de acordo com as regras estabelecidas pelas partes ou pela instituição de arbitragem.

Após a apresentação das alegações e evidências, o árbitro ou o painel de árbitros delibera e decide o conflito. Essa decisão é geralmente emitida por escrito e deve, como toda e qualquer decisão, obedecer às exigências de fundamentação (art. 26 da Lei 9.307/1996 c/c art. 489, § 1.º, do CPC), contendo a explicitação dos fundamentos jurídicos e das razões que levaram o árbitro ou o painel de árbitros a chegar à conclusão a que se chegou. A decisão é considerada final e vinculante para as partes, equiparando-se à sentença judicial e estando sujeita ao controle jurisdicional na hipótese de nulidade.

Miguel Reale, a respeito, ensina que a própria Lei 9.307/1996, que regulamenta a arbitragem na ordem jurídica brasileira, em atendimento à garantia constitucional da inafastabilidade da jurisdição (art. 5.º, XXXV, CF), diversas vezes, prevê a interferência do juiz, quer para superar qualquer dúvida quanto à natureza efetiva de direitos patrimoniais disponíveis em discussão; quer porque é lícito às partes pleitear ao órgão do Poder Judiciário a nulidade da sentença arbitral, nos casos previstos na Lei especial.[8]

A ação prevista no art. 33 da Lei de Arbitragem, contudo, como bem destaca Arnold Wald, "não tem o objetivo de impugnar o mérito das sentenças arbitrais, mas apenas analisar a ocorrência de eventual vício formal passível de anulação, inclusive relacionado às problemáticas constitucionais".[9]

Segundo dispõem o art. 515, VII, do CPC, e o art. 31 da Lei 9.307/1996, a decisão arbitral que contenha eficácia condenatória constituirá título executivo judicial, podendo ser executada mediante instauração de processo perante o Judiciário, caso a parte não cumpra voluntariamente seus termos.

É importante ressaltar que os procedimentos arbitrais podem variar conforme as regras acordadas pelas partes ou as regras da instituição de arbitragem eleita. Esses procedimentos podem ser adaptados para atender às necessidades e características específicas de cada disputa.

---

8. REALE, Miguel. Crise da justiça e arbitragem. *Revista de Arbitragem e Mediação*, São Paulo, v. 36, p. 319-321, jan./mar. 2013.

9. WALD, Arnoldo de Paula. Arbitragem comercial e controle de constitucionalidade, de Gustavo Favero Vaughn. *Revista de Arbitragem e Mediação*, São Paulo, v. 75, p. 289-293, out./dez. 2022.

5.1 Arbitragem condominial

A arbitragem condominial permite que as partes escolham um árbitro com experiência e conhecimento específicos na área condominial. Essa especialização é valiosa, pois o árbitro possui a adequada compreensão das questões específicas enfrentadas pelos condomínios, das normas legais e das práticas comuns dentro desse contexto, incluindo aquelas relacionadas a administração, responsabilidades dos condôminos, regras de convivência, compartilhamento de áreas comuns, dentre outros aspectos. A expertise do árbitro permite que este terceiro realize uma análise mais precisa e informada da disputa, proferindo decisões mais personalizadas e adequadas a cada conflito.

No que diz respeito aos custos do procedimento, muito embora a arbitragem envolva honorários do árbitro e, conforme o caso, da instituição de arbitragem (art. 11 da Lei 9.307/1996), os custos totais tendem a ser mais previsíveis e controlados do que os custos despendidos com um processo judicial. Além disso, a celeridade do procedimento tende a reduzir custos indiretos associados, tais como taxas e despesas adicionais associadas à prolongada duração do processo judicial.

A respeito da arbitragem condominial, há interessante acórdão do Superior Tribunal de Justiça, de relatoria do Ministro Ricardo Villas Bôas Cueva, em que foi relator para o acórdão o Ministro Moura Ribeiro, julgado pela Terceira Turma, acerca da subordinação de novo condômino à cláusula compromissória previamente entabulada em convenção condominial. Segundo entendeu o órgão julgador, as Convenções Condominiais comportam matéria eminentemente institucional normativa, vinculando, portanto, os novos adquirentes. Sendo assim, consignou a competência do Juízo Arbitral para dirimir todo e qualquer conflito envolvendo o condomínio.[10]

No plano empírico, a arbitragem condominial tem produzido excelentes resultados na resolução de conflitos em condomínios, proporcionando um mecanismo mais eficaz e vantajoso do que o processo judicial.

A arbitragem é frequentemente utilizada para resolver disputas contratuais entre condomínio e fornecedores de serviços, como empresas de manutenção, segurança ou limpeza. Quando surgem questões relacionadas ao cumprimento

---

10. BRASIL. Superior Tribunal de Justiça (3. Turma). Recurso Especial 1733370/GO. Civil e Processual Civil. Recurso Especial. Recurso manejado sob a égide do NCPC. Condomínio. Convenção condominial devidamente registrada. Natureza jurídica institucional normativa. Cláusula compromissória arbitral. Novo condômino. Subordinação à convenção. Incompetência do juízo estatal. Recorrente: Aparecido Barrios Costa. Recorrido: Condomínio Housing Flamboyant. Relator: Ministro Ricardo Villas Bôas Cueva. Relator para acórdão: Ministro Moura Ribeiro, 26 de junho de 2018. Disponível em: https://processo.stj.jus.br/SCON/pesquisar.jsp. Acesso em: 28 jun. 2023.

dos termos contratuais, a arbitragem oferece um mecanismo de resolução da disputa de forma mais eficiente e especializada.

Em casos de problemas estruturais, como vazamentos, infiltrações, falhas de construção ou defeitos nas áreas comuns, a arbitragem também pode se revelar bastante vantajosa, pois permite que as partes envolvidas apresentem especialistas técnicos como testemunhas para avaliar a extensão do problema e determinar as responsabilidades das partes.

A arbitragem também pode oferecer tratamento mais adequado para dirimir disputas entre condôminos, envolvendo, por exemplo, direito de propriedade, uso indevido de áreas comuns, danos a unidades ou mesmo questões de responsabilidade. A arbitragem permite que as partes apresentem suas alegações e evidências perante um árbitro especializado na área condominial, proporcionando uma solução mais rápida e eficiente do que aquela que se pode alcançar com o manejo da ação judicial.

No tratamento de controvérsias entre condomínios e proprietários, tais como questões relacionadas a taxas condominiais, infrações às regras do condomínio, interpretação de contratos ou direitos e responsabilidades dos proprietários, a arbitragem também pode ser bastante benéfica, oferecendo um tratamento mais ágil e especializado.

Igualmente, em casos de disputas complexas, envolvendo múltiplas partes e questões jurídicas e técnicas intricadas, a arbitragem pode ser uma opção eficaz, especialmente diante da flexibilidade e adaptabilidade às particularidades do conflito e necessidades das partes, permitindo que selecionem um árbitro ou painel de árbitros com expertise específica, que decidirá de forma mais especializada e com maior precisão.

De modo geral, a arbitragem condominial oferece vantagens significativas, incluindo celeridade, especialização, confidencialidade, flexibilidade, custos controlados e uma decisão final vinculante. Essas vantagens tornam a arbitragem um mecanismo extraordinário para o tratamento adequado de conflitos condominiais, dirimindo a controvérsia de forma justa e eficiente.

6. COMPARAÇÃO ENTRE MEDIAÇÃO E ARBITRAGEM NO TRATAMENTO DOS CONFLITOS CONDOMINIAIS

Tanto a mediação quanto a arbitragem integram o Sistema Multiportas e são capazes de oferecer adequado tratamento na resolução de desavenças, cada qual com suas particularidades e específicas abordagens. Há, contudo, diferenças substanciais entre as duas vias, especialmente do ponto de vista da atuação do terceiro imparcial e do grau de participação das partes na tomada de decisões.

O mediador atua como facilitador imparcial e neutro, buscando promover a comunicação e o diálogo entre os envolvidos na disputa condominial (art. 2.º, I. da Lei 13.140/2015). A esse terceiro não se atribui poder decisório, atuando como gestor na condução das sessões de mediação e sendo responsável por facilitar o diálogo e proporcionar um ambiente respeitoso e propício à mútua compreensão e à colaboração entre os envolvidos. Para Humberto Dalla Bernadina de Pinho e Matheus Sousa Ramalho, "o grande diferencial da mediação é promover a integração entre ambos os litigantes em busca da solução do seu conflito quando comparada às soluções impositivas características dos modelos não consensuais".[11]

O árbitro, por sua vez, é dotado de poder decisório, resolvendo o conflito a partir da prolação de uma decisão final e vinculante para as partes envolvidas. Sua função é avaliar as provas e argumentos apresentados e aplicar a legislação e os princípios pertinentes ao direito condominial, de modo a garantir um tratamento justo e eficiente.

Na mediação, há disposição legal explícita acerca da incidência da confidencialidade. O mediador é obrigado a manter o sigilo quanto às informações compartilhadas durante a mediação, a menos que se trate de informação relativa à ocorrência de crime de ordem pública, na forma do § 3º do art. 30 da Lei 13.140/15. A mediação condominial não gera registros formais ou públicos. Isso contribui para a preservação da confidencialidade das informações discutidas durante as sessões.

Já na arbitragem, muito embora o § 6º do art. 13 da Lei 9.307/96 estabeleça que o árbitro deve desempenhar sua função com discrição, não há, tal como na mediação, a imposição legal explícita de confidencialidade. Nesse sentido, Carlos Alberto Carmona assevera que "o sigilo é uma característica que pode – apenas pode – ser estabelecida pelas partes, nada impedindo que os litigantes, por qualquer razão, abram mão da confidencialidade que geralmente cerca o procedimento arbitral".[12]

Ainda assim, as audiências e os documentos apresentados durante o procedimento são tratados como sigilosos, a menos que as partes acordem o contrário ou que a lei exija a divulgação. Isso significa que as partes podem discutir livremente suas posições, apresentar provas e debater questões sem o receio de que essas informações sejam divulgadas publicamente.

Outra diferença fundamental entre a mediação e a arbitragem condominial está no grau de controle das partes sobre o resultado final do procedimento. Na mediação,

---

11. PINHO, Humberto Dalla Bernadina de; RAMALHO, Matheus Sousa. A mediação como ferramenta de pacificação de conflitos. *Revista dos Tribunais*, São Paulo, v. 975, p. 309-333, jan. 2017.
12. CARMONA, Carlos Alberto. *Arbitragem*: Um comentário à Lei 9.307/96. 3. ed. São Paulo: Atlas, 2009. p. 52.

as partes mantêm total controle sobre a solução do conflito. O mediador atua como mero facilitador da comunicação entre as partes para que estas, por si mesmas, alcancem um acordo mutuamente satisfatório. Ou seja, as partes são dotadas de autonomia para exploração de opções de solução, negociação de termos e tomada de decisões que melhor atendam aos seus interesses, resultando em uma participação mais ativa e com maior controle sobre o resultado final (art. 2.º, V, da Lei 13.140/2015).

Na arbitragem, por outro lado, o árbitro emite uma decisão final e vinculante. Embora as partes elejam o árbitro e tenham a oportunidade de apresentar argumentos e evidências durante o procedimento arbitral, enquanto método heterocompositivo, a decisão final é tomada por um terceiro imparcial, a partir das provas produzidas e da legislação aplicável.

Por isso, ao optarem pela arbitragem, as partes renunciam parte do controle direto sobre o resultado final. Elas confiam na imparcialidade e expertise do árbitro para tomar uma decisão que seja justa e equitativa. A influência das partes fica adstrita à escolha da arbitragem como método de tratamento do conflito, seleção do árbitro, regras incidentes sobre o procedimento e apresentação de perspectivas pessoais e argumentos próprios durante as audiências.

Portanto, na mediação condominial, as partes têm controle mais direto sobre o resultado final, tomando para a si mesmas a solução do conflito. Já na arbitragem condominial, a decisão final cabe ao árbitro, ainda que as partes possam exercer certo controle sobre o procedimento. A escolha do método mais adequado dependerá das preferências de cada um e da natureza e peculiaridades do conflito condominial a ser dirimido.

7. CONCLUSÃO

Enquanto métodos desjudicializados de resolução de conflitos, a mediação e a arbitragem podem oferecer tratamento mais adequado às disputas condominiais do que o processo judicial. A mediação, por meio da atuação do mediador como facilitador imparcial e do fomento à autonomia dos envolvidos, busca auxiliá-los para que cheguem, por si mesmos, a um acordo mutuamente satisfatório.

Já a arbitragem, conduzida por um árbitro imparcial ou um painel de árbitros, oferece um tratamento mais rápido, eficiente e especializado quando comparado ao processo judicial. Sua definição e procedimentos envolvem a seleção do árbitro ou painel imparcial, a apresentação de provas e argumentos e a obtenção de uma decisão final com eficácia vinculante, oferecendo benefícios como especialização do árbitro em questões condominiais, confidencialidade e privacidade do procedimento.

Para promover e incentivar o emprego desses métodos de solução de conflitos na esfera condominial, é essencial que administradores de condomínio e síndicos desempenhem papel ativo na divulgação, conscientização e implementação dessas medidas. A regulamentação adequada e a capacitação dos profissionais envolvidos também são fundamentais para garantir a efetividade e a qualidade dos procedimentos.

A adoção de métodos mais adequados para o tratamento dos conflitos traz benefícios significativos, tais como a preservação dos relacionamentos, a obtenção de soluções customizadas, a economia de tempo e recursos, assim como a melhoria do convívio condominial.

Portanto, a promoção da mediação e da arbitragem condominiais, aliada à conscientização sobre a importância da desjudicialização, à regulamentação adequada e à capacitação dos profissionais envolvidos, afigura-se fundamental para a construção de ambientes condominiais mais harmoniosos, pacíficos e colaborativos. Ao implementar essa política, os condomínios podem resolver conflitos de forma mais eficiente, preservando relacionamentos e promovendo a convivência saudável e sustentável entre os moradores.

Na comparação entre mediação e arbitragem, demos especial enfoque às diferenças entre os papéis desempenhados pelo terceiro imparcial – mediador ou árbitro – e em relação ao grau de controle exercido pelas partes sobre o resultado final em ambos os mecanismos de tratamento das controvérsias. Além disso, elencamos algumas situações concretas nas quais a mediação e a arbitragem costumam apresentar excelentes resultados práticos no tratamento de conflitos na seara condominial.

Nesse contexto, concluímos que o incentivo à comunicação aberta, respeitosa e empática entre os condôminos é essencial para evitar a escalada dos conflitos nesse âmbito deflagrados. Promover a negociação como primeira opção para resolver divergências pode ajudar a prevenir o surgimento de disputas mais complexas, facilitando a resolução por meio da autocomposição.

Portanto, o incentivo à adoção da mediação e da arbitragem nos condomínios pode trazer uma série de benefícios, cada qual com suas especificidades, propiciando a resolução mais eficiente e pacífica de disputas, a preservação dos relacionamentos, a redução de custos e a melhoria do ambiente condominial como um todo. São estas medidas fundamentais para a promoção de uma cultura de resolução de conflitos mais colaborativa, eficaz e harmoniosa.

8. REFERÊNCIAS BIBLIOGRÁFICAS

ALMEIDA, Tania. *Caixa de ferramentas em mediação*: aportes práticos e teóricos. 7. ed. São Paulo: Dash, 2020.

BRAGA NETO, Adolfo. Aspectos relevantes sobre mediação de conflitos. *Doutrinas Essenciais Arbitragem e Mediação*, São Paulo, v. 6, p. 401-420, set. 2014.

BRASIL. Superior Tribunal de Justiça (3. Turma). Recurso Especial 1733370/GO. Recorrente: Aparecido Barrios Costa. Recorrido: Condomínio Housing Flamboyant. rel. Min. Ricardo Villas Bôas Cueva. Relator para acórdão: Ministro Moura Ribeiro, 26 jun. 2018. Disponível em: https://processo.stj.jus.br/SCON/pesquisar.jsp. Acesso em: 28 jun. 2023.

CARMONA, Carlos Alberto. *Arbitragem*: um comentário à Lei 9.307/96. 3. ed. São Paulo: Atlas, 2009.

LORENCINI, Marco Antônio Garcia Lopes; SILVA, Paulo Eduardo Alves da. *Negociação, mediação, conciliação e arbitragem*: curso de métodos adequados de solução de controvérsias. 3. ed. Rio de Janeiro: Forense, 2020. p. 257.

PINHO, Humberto Dalla Bernadina de; RAMALHO, Matheus Sousa. A mediação como ferramenta de pacificação de conflitos. *Revista dos Tribunais*, São Paulo, v. 975, p. 309-333, jan. 2017.

REALE, Miguel. Crise da justiça e arbitragem. *Revista de Arbitragem e Mediação*, São Paulo, v. 36, p. 319-321, jan./mar. 2013.

SALLES, Carlos Alberto de. Introdução à arbitragem. *In*: SALLES, Carlos Alberto de; TARTUCE, Fernanda. *Mediação dos conflitos civis*. 6. ed. Rio de Janeiro: Forense, 2021. p. 352.

WALD, Arnoldo de Paula. Arbitragem comercial e controle de constitucionalidade, de Gustavo Favero Vaughn. *Revista de Arbitragem e Mediação*, São Paulo, v. 75, p. 289-293, out./dez. 2022.

WAMBIER, Luiz Rodrigues; TALAMINI, Eduardo. *Curso avançado de processo civil*: Teoria geral do processo. 21. ed. São Paulo: Thomson Reuters Brasil, 2022.

WATANABE, Kazuo. Política Pública do Poder Judiciário nacional para tratamento adequado dos conflitos de interesses. *Revista de Processo*, São Paulo, v. 195, p. 381-389, maio. 2011.

ANOTAÇÕES